La cuerda de las generaciones

Tim Ingold

La cuerda de las generaciones

Repensar la continuidad en tiempos de ruptura

Traducción de Irene Riaño

Alianza editorial
El libro de bolsillo

Título original: *The Rise and Fall of Generation Now*

Esta obra ha sido publicada por primera vez en 2024 por Polity Press.

Esta traducción ha sido publicada por acuerdo con Polity Press Ltd., Cambridge.

Diseño de colección: Estrada Design
Diseño de cubierta: Manuel Estrada
Fotografía de Javier Ayuso

PAPEL DE FIBRA
CERTIFICADA

© Copyright © Tim Ingold, 2024
© de la traducción: Irene Riaño de Hoz, 2025
© Alianza Editorial, S. A., Madrid, 2025
   Calle Valentín Beato, 21
   28037 Madrid
   www.alianzaeditorial.es

ISBN: 978-84-1148-971-3
Depósito legal: M-3403-2025
Printed in Spain

Si quiere recibir información periódica sobre las novedades de Alianza Editorial, envíe un correo electrónico a la dirección: alianzaeditorial@anaya.es

Índice

Prefacio

Este pequeño libro nace de mi participación, a lo largo de estos últimos años, en el grupo de trabajo interdisciplinar «Enfrentando el Antropoceno», organizado por el Instituto Kenan de Ética de la Universidad de Duke, con financiación de la Fundación Henry Luce. A este grupo se le encomendó la tarea de investigar algunos de los problemas más apremiantes que nos plantea la actual crisis planetaria, entre ellos, cómo hemos de plantearnos nuestra propia humanidad en un entorno en el que tienen cabida tantas formas de estar vivo distintas de la nuestra, qué sistemas de distribución y de gobernanza democrática podrían estar a la altura de las necesidades de estos tiempos de crisis y qué suposiciones acerca de las especies y la naturaleza, de la política y la capacidad de agencia, de la economía y el valor, tendríamos que revisar para volver a traer justicia a un mundo que se ha desviado tan cruelmente de su centro de equilibrio. En el curso de estas conversaciones, me fui convenciendo de que buena parte de nuestras dificultades a la hora de abordar el futuro tiene su origen en nuestra forma de plantear las generaciones. Damos por hecho enseguida que cada generación funciona como un estrato autónomo, que toma el control del presente tras reemplazar a la generación precedente y que está destinada, al mismo tiempo, a ser reemplazada por la generación siguiente. Históricamente, esta forma de pensar es una anomalía, si bien en la actualidad suele aceptarse sin cuestionamiento como fondo sobre el que se desarrollan los debates acerca de la evolución, la vida y la muerte, la longevidad, la extinción, la sostenibilidad, la educación, el cambio climático y otros muchos asuntos de acuciante relevancia contemporánea.

En este libro, lo que propongo es volver a una idea más antigua, según la cual la vida no se desarrolla confinada estrictamente dentro de su propia generación, sino que es creada de forma colaborativa por la interacción de las distintas generaciones que coinciden en el tiempo y el espacio. Defenderé que es a través de vivir y trabajar juntas, siguiendo los caminos trazados por sus predecesoras, como las generaciones se aseguran un futuro para ellas mismas y para sus descendientes. Tenemos buenos motivos para mostrar respeto a quienes han trabajado tan duro y han puesto tanto de su vida y de su alma para crear un mundo que podamos habitar. A sus esfuerzos debemos nuestra existencia misma, del mismo modo que quienes vendrán después de nosotros nos deberán la suya. ¿No desearíamos acaso un respeto semejante por su parte? La vida funciona como una carrera de relevos y, mientras continúe, sigue habiendo esperanza para las generaciones futuras. A lo largo de estas páginas he tratado de desarrollar un vocabulario conceptual que nos ayude a dar voz a esta esperanza. Muchas de las palabras más importantes en este vocabulario son ya muy antiguas y nos desarman por su simplicidad. Además, como tal vez no sorprenda, el verbo es la categoría gramatical que predomina entre ellas. Algunas de estas palabras son: llegar [*to come*] y anhelar [*to long*] (que a su vez derivan en llegar a ser [*to become*] y pertenecer [*to belong*]), envejecer y engendrar, inclinarse sobre y prolongarse en el tiempo, cuidar y atender, desenterrar y experimentar y, como sustrato de todas ellas, «humanar» [*to human*]. Todas ellas son palabras de proceso.

Con el fin de prevenir posibles malentendidos, permítaseme aclarar, antes de nada, lo que este libro no es. En primer lugar, no se trata de un estudio etnográfico o sociológico orientado a documentar y analizar la experiencia de una generación en concreto en un período determinado o en una región determinada del mundo, ni a explicar la fortuna de sus habitantes. Mi interés es de carácter más filosófico: tiene que ver con el concepto mismo de generación y con cómo podría pensarse de otra manera. Así pues, la «Generación Ahora» que empleo con frecuencia en el libro hace referencia a la idea que una generación tiene de sí misma en virtud del acto de reclamar para sí el presente. Podemos, por tanto, entender su alzamiento y caída en dos sentidos. Por una parte, si a cada Generación Ahora le llega la hora de salir a escena y hacerse cargo de los asuntos de su tiempo, ello implica que primero debe alzarse hasta esa etapa vital, al igual que está destinada a caer otra vez para dejar paso a su sucesora. Por otra parte, esta idea tiene su propia trayectoria histórica: su alzamiento llegó de la mano de la noción de progreso, como parte de ese gran proyecto del pensamiento europeo que se conoce como la Ilustración, y su caída ahora ocurre acompañando a ese mismo proyecto que, asediado por las múltiples crisis sociales y medioambientales que ha desencadenado, se desmorona en pedazos.

En segundo lugar, este no es un libro sobre género. De hecho, es un tema que apenas se toca. Utilizo aquí «engendrar» en su sentido primario de procreación, de traer nueva vida al mundo, y no en su sentido secundario de investir esta vida de cualidades masculinas o femeninas*. Bien es posible que el lector que aplique ese enfoque observe indicios de feminidad en el carácter recíproco del gestar y el nacer y del cuidar y ser cuidado implicados en el engendramiento. Asimismo, puede que encuentre indicios de masculinidad en la determinación de la Generación Ahora por exprimir las oportunidades que brinda el presente con el fin de «hacer historia», como dirían quienes integran la vanguardia de esta generación. Semejantes apreciaciones no estarían erradas. Aun así, me atrevería a sugerir que ello no se debe a que las relaciones generacionales estén inherentemente caracterizadas por aspectos de género, sino, por el contrario, a que nuestra propia comprensión del género está profundamente coloreada por la forma en que pensamos las generaciones. Por lo tanto, un cambio en este segundo sentido podría tener profundas consecuencias sobre el primero. En términos más taxativos, no podrá haber justicia en las relaciones de género hasta que no se aborden y resuelvan las injusticias consustanciales al modelo actualmente predominante de reemplazo y sucesión generacional, especialmente, las que atañen a los jóvenes y a los mayores. Eso es lo

---

* Alude aquí a la ambigüedad de la palabra inglesa *engender* (N. de la T.).

que trato de conseguir con este libro. Explorar las consecuencias que una nueva forma de plantear el problema de las generaciones conlleva en términos de género sería, ciertamente, un camino lógico por el que continuar. Por mi parte, no obstante, no tengo inconveniente en dejar este reto a otros académicos mejor equipados para asumirlo que yo.

En este libro expongo mis ideas a la manera de modestas sugerencias, antes que como una gran teoría. No pretendo afirmar que conformen un todo completamente coherente e irrebatible, ni siquiera particularmente original. Lo que sí es cierto es que reflejan un sentimiento que lleva tiempo fraguándose en mí. Estoy convencido de la necesidad de encontrar un modelo alternativo desde el que pensar las generaciones, no solo para mitigar algunas de nuestras inquietudes hacia lo que el futuro deparará, sino, en un sentido más profundo, para sentar unas bases duraderas para la coexistencia. Reconozco que el enfoque que propongo nos obligaría a renunciar a algunas de nuestras convicciones más arraigadas, incluida la fe en la inevitabilidad del progreso y en la capacidad de la ciencia y la tecnología para mitigar el impacto de los fenómenos medioambientales sobre la humanidad. No creo que un mundo perfecto esté a la vuelta de la esquina, ni que vaya a llegar el día en que todos nuestros problemas queden resueltos. Pero, en lugar de achacar esos problemas a los errores de nuestros antepasados y volver a empezar de cero, creo que sería preferible aunar de nuevo a las diversas generaciones en las interminables conversaciones de la vida. El mensaje de este libro es que la vida no consiste —al menos, no principalmente— en lograr objetivos. Consiste en ir tirando, encontrando un camino en ese espacio que se abre entre los medios y los fines. Es ahí donde radica toda posibilidad. Cuando estamos así inmersos en todas estas potencialidades, el futuro que vemos no es uno que viene hacia nosotros, sino uno que se extiende hasta donde alcanza la vista. Se mueve a la par que nosotros. Nunca lo alcanzaremos. Y sin embargo, mientras podamos seguir avanzando, hay motivos para mantener la esperanza.

Solo me queda agradecer a la Fundación Henry Luce por su generosa contribución económica y, en particular, a Norman Wirzba, por su apoyo constante. La confianza de Ellen MacDonald-Kramer, de Polity Press, en los méritos del proyecto me ha hecho perseverar en todo el proceso. Este libro ha crecido gracias a la revisión y comentarios de dos lectores anónimos. Dedico este libro a mis antepasados, sin cuyos esfuerzos yo no estaría aquí para escribirlo, y se lo ofrezco a mis descendientes, con el deseo de que les socorra en tiempos difíciles.

Tim Ingold, Aberdeen, enero de 2023

1. Las generaciones y la regeneración de la vida

La cuerda y la pila

Imagínate que estás fabricando cuerda. Has recogido en la pradera una cierta cantidad de hierbas largas que serán tu materia prima. La cuerda cobra forma gracias a un doble movimiento. Primero se retuercen los tallos de hierba, alineados longitudinalmente, para formar hebras y, a continuación, se retuercen las hebras entre sí. La clave está en que la segunda torsión de la cuerda debe hacerse en dirección contraria a la primera. Así, las hebras individuales, que de lo contrario se desharían separadamente, incrementan con la tensión de la propia torsión de cada una la tensión que las retuerce conjuntamente, mientras que, a su vez, esta torsión conjunta de la cuerda hace que se intensifique la tensión que retuerce cada una de las hebras. Estas dos fuerzas compensatorias, sumadas a la fricción que se genera por la disposición longitudinal de los propios tallos, evitan que la cuerda se deshaga y la vuelven resistente a la tensión. Naturalmente, los tallos no alcanzan más que una cierta longitud. Sin embargo, al adjuntar nuevos tallos al trenzado a medida que los antiguos comienzan a agotarse, la cuerda en sí puede seguir entrelazándose indefinidamente —o, al menos, todo lo que dure tu provisión de materia prima—. Si esta se agota, puede que tengas que esperar otra estación hasta que vuelva a crecer más hierba. Entonces, con la nueva cosecha, podrás retomar el trabajo allí donde lo dejaste.

Imagina ahora que cada tallo de hierba es una vida. Aunque no tiene por qué tratarse de una vida humana, supongamos por el momento que lo es. Sabemos por nuestra propia experiencia que, generalmente, las vidas humanas no transcurren en aislamiento, sino en la compañía de otras personas. Estas vidas avanzan conjuntamente y, sobre todo en los entornos más íntimos, como el hogar y la familia, se entrelazan unas con otras. Estas agrupaciones más íntimas se entrelazan a su vez unas con otras en los círculos más amplios de la vida social. Una retuerce a la otra, dotando a la vida social de una cierta cohesión, evitando que se abra y se deshilache. La tendencia de cada una de las vidas particulares a seguir un camino propio ejerce una fricción que aprieta los lazos de la comunidad y, en contrapartida, si los lazos de la comunidad se aflojan, ello hace que intensifique la intimidad del contacto entre esas vidas individuales. El contrapunto entre tensión y fricción —lo que los antiguos griegos llamaban armonía— mantiene la unión del todo. Aunque, claro está, nadie vive para siempre, a la misma velocidad a la que unos envejecen y eventualmente desaparecen, otros nacen y se incorporan al trenzado. Así, aunque los participantes individuales van siendo reemplazados, la vida social puede continuar indefinidamente, en un ritmo que emerge del ciclo de las generaciones humanas.

Claro está que esta no es una analogía perfecta. Tal vez la diferencia principal entre la cuerda y la vida social sea que la primera se compone de materiales ya recolectados, mientras que la segunda se va creando sobre la marcha, a partir de las vidas que no cesan de brotar en su extremo. Tal vez sería mejor comparar estas vidas con vides o plantas trepadoras, donde cada una va enroscándose en torno a las demás a medida que se abre camino a través del denso entramado de vegetación. Al igual que en este ejemplo, las nuevas vidas no se insertan desde fuera —como sucede con los tallos al fabricar cuerda—, sino que nacen desde el interior, en un modo muy similar a como, antes de la cosecha, nuevos brotes nacen de los tallos antiguos. La imagen de la cuerda me parece, no obstante, un buen punto de partida para comenzar a pensar en la generación de la vida social. Ese es el tema sobre el que trata este libro. Las preguntas que lanzo son simples. En el paso de las generaciones, ¿qué va antes y qué va después? ¿Los ancestros se sitúan delante o detrás? ¿Y los descendientes? ¿Cómo hace la vida social para asegurar su propia continuidad, o cómo perdura? Las respuestas tendrán consecuencias vitales, especialmente en un tiempo en el que esta continuidad —o pervivencia— parece estar amenazada como nunca antes.

Creo que esta amenaza o, al menos, nuestra percepción de ella, tiene mucho que ver con una acusada tendencia en los tiempos modernos a trasladar el foco de la generación de la vida social hacia las propias generaciones. ¡Este plural implica una gran diferencia! La generación es un proceso: un traer a la vida, no solo a través de la concepción o del nacimiento, sino en cada instante de la existencia. Vivir, como veremos, es lo que hacemos, pero también lo que experimentamos a medida que, en el proceso de entrelazarnos unos con otros, nos generamos activamente a nosotros mismos y recíprocamente unos a otros. Por su parte, las generaciones, en plural, son como tajadas extraídas de ese proceso vital: cada generación es como una cohorte de la humanidad, que ha formado filas en un tiempo o durante un intervalo temporal determinados, cuyos miembros se consideran o son considerados en algún sentido como coetáneos y que echa a andar ya en una formación cerrada y completa. En la marcha de estas cohortes, lo que observamos no es una continuidad, sino un reemplazo en serie, a medida que cada una de ellas sale a escena y, tras disfrutar de su tiempo bajo los focos, es reemplazada por su sucesora y desaparece en el pasado. El proceso de generación continúa, pero las generaciones se van apilando en un montón etapa tras etapa, estrato sobre estrato.

Esta clase de pensamiento estratigráfico está profundamente engranado en la sensibilidad moderna y nos conduce fácilmente a equiparar los estratos generacionales con los estratos de sedimentación en la historia de la tierra, con los depósitos dejados por las sucesivas ocupaciones de un sitio arqueológico, con los documentos de un archivo o incluso con los estratos de la conciencia en la mente humana. Es una forma de pensar que se ha abierto camino, a menudo sin que seamos conscientes de ello, en todas y cada una de las esferas en las que entran en juego el pasado y el futuro humanos, ya se trate de cuestiones relacionadas con la tradición y el patrimonio, la conservación y la extinción, la sostenibilidad y el progreso o el arte y la ciencia. En los capítulos siguientes veremos cómo ha llegado a suceder esto. En todos los casos, pasar de la metáfora de la cuerda a la de la pila hace que estas cuestiones se nos presenten bajo una luz completamente distinta. Mientras que en la metáfora de la pila, como vemos en la Figura 1.1, cada generación aparece ya dispuesta para sustituir a su predecesora, en la de la cuerda las vidas más jóvenes y las más antiguas se superponen, y la propia vida se regenera a través de su colaboración. Esta colaboración no es exclusiva de las vidas humanas, ya que se aplica también a las relaciones entre seres vivos de toda clase. Sostengo que solo replanteándonos el proceso de generación en estos términos podremos crear una base duradera sobre la que coexistir.

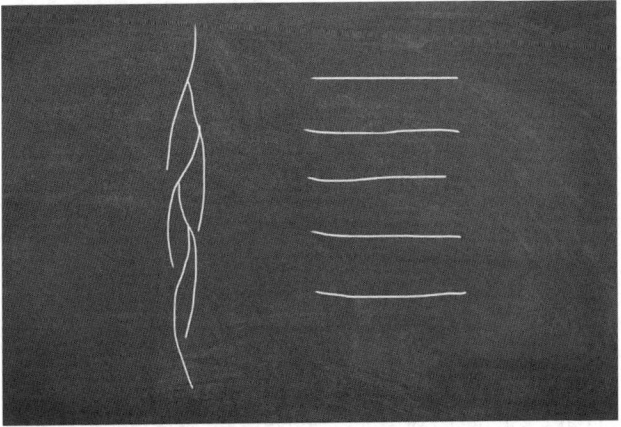

Figura 1.1. La cuerda y la pila, a lo largo de cinco generaciones.

Filiación

Según el libro del Génesis, todo comenzó con Adán. «Este es el libro de las generaciones de Adán», proclama la frase que da comienzo al capítulo cinco del libro. Fue a la respetable edad de 130 años cuando Adán engendró a su hijo, Set, si bien después de esto vivió todavía ocho siglos más, a lo largo de los cuales engendró a muchos más hijos e hijas. Durante todo este tiempo, Adán y Set vivieron sus vidas conjuntamente. A los 105 años, Set engendró a su hijo Enós, pero también él vivió otros 807 años antes de morir. Y así sucesivamente: Enós engendró a Cainán, que engendró a Mahalaleel, que engendró a Jared, que engendró a Enoc, que engendró a Matusalén, que engendró a Lamec, que engendró a Noé[1]. Cada uno de los personajes nombrados, con la excepción de Set, fue el primogénito y pasó a disfrutar de una vida extraordinariamente larga, durante la cual engendró a numerosos hijos e hijas. Fueron hombres poderosos y de renombre, y sus numerosos descendientes se multiplicaron sobre la faz de la tierra. Aun así, esta estaba plagada de violencia y corrupción. No interesa hablar aquí de lo que pasó después. En su lugar, lo que llama mi atención es el uso de un verbo ligeramente arcaico, «engendrar». ¿Qué significa, exactamente, que un ser humano engendre a otro?

Literalmente, es poner en marcha una nueva vida. Implica dar existencia a otro ser con la promesa de que este, a su vez, hará lo mismo cuando le llegue el momento. Se aprecia aquí la noción de un traspaso de la vida a la manera de un relevo, que se mantiene en marcha gracias al impulso siempre renovado que pueden proporcionarle los recién llegados, aun cuando las energías de los corredores anteriores comienzan a desfallecer. En una carrera de relevos, el testigo pasa de una mano a otra sin que haya un cambio de dirección, de forma harto distinta al cambio de manos que tiene lugar, por ejemplo, en la compraventa de bienes o, como veremos, cuando estos se heredan. En otras palabras, un rasgo crucial del engendramiento es que pertenece al mismo movimiento vital que la vida engendrada. Hay una continuación, no un cruce, y por lo tanto no sucede en un instante, sino que se prolonga a lo largo del tiempo. Engendrar puede comenzar en la unión sexual, pero este es solo el principio de un proceso que perdura, especialmente a través del trabajo cotidiano de crianza y cuidado por el que los progenitores gestan y crían a sus vástagos y estos, a su vez, a los suyos propios. Es un trabajo que implica transporte y levantamiento.

El relato de Adán y sus descendientes, aunque decididamente patriarcal, dista mucho de ser un ejemplo único. Numerosos pueblos de todo el mundo recitan con orgullo largas genealogías que van desde los ancestros fundadores del linaje hasta las generaciones actuales. A menudo, como en el caso bíblico, esta enumeración sigue la línea paterna, pero también hay sociedades que trazan su linaje a través de la sucesión de sus mujeres, mientras que otras llevan paralelamente los registros correspondientes a los linajes masculino y femenino. Una cosa, sin embargo, es común a todas estas enumeraciones, y es que se componen de historias sobre el hecho de engendrar y ser engendrado. Esto es lo que los antropólogos llaman «filiación»: la relación fundamental entre progenitor y vástago. Esta palabra procede del latín *filius* y *filia*: respectivamente, hijo e hija. Ambos, sin embargo, son derivaciones personificadas del término *filium*, «hilo». Cada engendramiento introduce un hilo nuevo. Este, una vez introducido al mundo con los trabajos del parto, procede a enroscarse en torno a los hilos parentales a medida que van avanzando juntos; más adelante, a medida que los hilos antiguos vayan desapareciendo, él mismo producirá nuevos hilos. Así pues, la filiación es un entrelazamiento de hilos. Recitar una genealogía, enumerando los nombres que la conforman, implica remontarnos siguiendo el cordel que estos hilos forman al entrelazarse. Ciertamente, el hecho mismo de dar nombre forma parte del proceso de engendrar, de introducir a la persona e indexar sus filiaciones. Cada nombre, en su enunciación, pasa a formar parte de la historia[2].

Si consultamos cualquier texto clásico de antropología sobre el parentesco y la descendencia, sin embargo, veremos que no es así como ilustra la filiación. Estos textos están llenos de cuadros genealógicos en los que las personas aparecen representadas convencionalmente mediante pequeños iconos: triángulos para los hombres y círculos para las mujeres. Si el cuadro representa una relación para la cual el género de los individuos que se relacionan resulta indiferente, la convención indica el uso de un diamante[3]. Una línea recta que conecta dos iconos representa la existencia de una relación entre ellos: horizontal si pertenecen a la misma generación, como en el caso de hermanos procedentes de una misma unión; vertical si pertenecen a generaciones sucesivas. La filiación se manifiesta, pues, en la forma de una línea recta y vertical que conecta al progenitor (madre o padre) con su vástago (niño o niña). Esto puede verse en el diagrama en la parte izquierda de la Figura 1.2. En este caso, la línea que

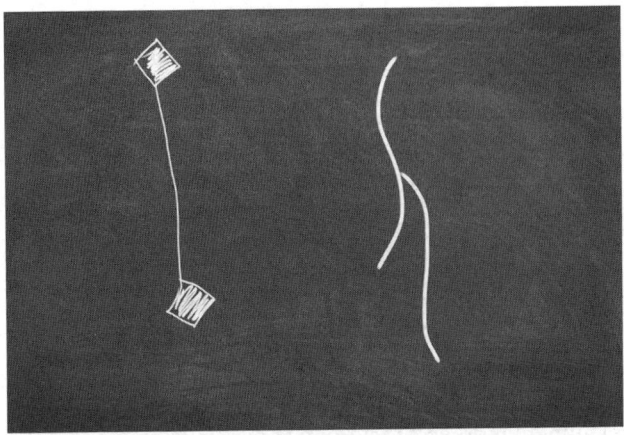

Figura 1.2. La filiación: tal como se representa en un cuadro antropológico (izquierda) y como un hilo que brota de otro (derecha).

aparece dibujada no es una línea vital. Por el contrario, tanto en este diagrama como en un cuadro típico de parentesco, la vida de toda persona queda condensada en un punto, ya sea en forma de círculo, triángulo o diamante. Este punto está inmóvil, fijado por su posición en el marco genealógico. La línea, a pesar de conectar estos puntos, marca la distancia que los mantiene irrevocablemente separados.

Aquí no hay engendramiento, no hay una continuidad que se transmita, como un relevo, de una vida a la siguiente. Mientras vivan, la distancia entre progenitor y vástago se mantendrá constante. Sea cual sea el contacto práctico o afectivo entre ambos, este no tendrá el poder de acercarlos ni de alejarlos. Están donde están, ubicados por medio de un cálculo que determina su posición con independencia de las idas y venidas que puedan tener lugar en el transcurso de sus días. Se trata del cálculo de la relacionalidad. Cuando decimos, en este sentido, que entre progenitor y vástago existe una relación de parentesco, ello no nos da ninguna información sobre la calidad de su relación ni sobre cómo desarrollan su vida en común. Solo nos dice que ciertos atributos o propiedades del progenitor se ven replicados en el hijo. Compárese este modelo con el diagrama de la parte derecha de la Figura 1.2, que muestra cómo la vida del vástago brota de la del progenitor, en una relación de filiación que se prolonga durante el resto de su existencia simultánea. En este caso no vemos un hueco que hay que cruzar, sino que la distancia entre el hijo y su progenitor va aumentando en función de la disminución gradual del contacto afectivo entre ambos, conforme el primero, al sobrevivir al segundo, pasa a vincularse con su propia descendencia.

El modelo genealógico

Permitid que retome la metáfora de la cuerda y la pila. Como vimos, en el caso de la cuerda, la vida se transmite a través de las generaciones. De hecho, al ser tantos los hilos que se superponen, es imposible determinar en qué punto termina una generación y empieza la siguiente. Solo podemos afirmar que, una vez transcurrido el tiempo suficiente, cada uno de esos hilos que antes discurrían conjuntamente acaba por desaparecer, dejando paso a los que se han incorporado de forma más reciente. La cuerda continúa. Por el contrario, en el caso de la pila, la vida de cada generación permanece confinada dentro de su estrato correspondiente. Gradualmente, a medida que su potencial se va agotando, un nuevo estrato comienza a cristalizar por encima, al cual le sigue otro, y así sucesivamente. La renovación solo puede producirse por superposición, incorporando nuevos estratos a la pila. Con cada estrato que se añade, los anteriores se hunden un poco más. ¿Qué es, entonces, lo que se transmite de un estrato a otro? No se trata de vida, sino de los recursos para vivirla, ya sean estos recursos materiales o de información. Al rebanar la conexión entre cada generación y la siguiente, la metáfora de la pila incorpora una discontinuidad intrínseca, al separar la vida, que se desarrolla en el interior de las generaciones, y la transmisión de recursos de una generación a otra. Esta separación está en la base de lo que en adelante llamaré el modelo genealógico.

Naturalmente, una cosa es elaborar un modelo de las genealogías y otra muy distinta es performarlas. La gente que recita los nombres y los hechos de sus antepasados, enumerando quién engendró a quién y celebrando sus hazañas, presenta un relato ininterrumpido que conduce desde los ancestros fundadores del linaje hasta sus descendientes actuales. El modelo genealógico, sin embargo, reproduce la historia como una secuencia de episodios independientes pero relacionados[4]. Podríamos pensar estos episodios como si entre todos compusieran una serie de televisión donde el comienzo de cada nuevo capítulo no enlazase con una historia preexistente, sino que su guion estuviera construido a partir de fragmentos del episodio anterior. Además, el axioma definitivo en el modelo genealógico es que todos los elementos del guion, así como el mensaje que encarnan, deben presentarse y resolverse dentro de cada capítulo, antes y con independencia de la historia que se desarrollará en el episodio siguiente. Cada generación tiene su propia historia, si bien esta se escribe utilizando materiales recibidos del pasado y, a su vez, contribuye al futuro aportando sus propios materiales. Esta refundición de elementos de un episodio al siguiente es lo que sucede cuando se divide la vida de las generaciones, como sucede en un cuadro antropológico, convirtiéndola en una sucesión de estratos. Esta operación no es en absoluto exclusiva de la antropología. La encontramos también en el modelo de la genealogía de la vida propio de la biología.

Desde que Charles Darwin propuso su teoría sobre la variabilidad dentro de la selección natural para explicar cómo las especies experimentan modificaciones adaptativas a lo largo de sus líneas de descendencia, los biólogos evolucionistas han dado por hecho que cada organismo vive para ser él mismo, para escenificar un episodio que dura lo que dura su propio ciclo vital. La manifestación observable de este proceso en los seres vivos es lo que se conoce como desarrollo u ontogénesis. La ontogénesis, aunque lleva su tiempo, se despliega dentro del episodio correspondiente al presente. Según esta teoría, lo que cada organismo contribuye a episodios futuros no es la propia vida, sino un conjunto de caracteres que transmite a su progenie a través de la reproducción y a partir de los cuales se construye el guion de los episodios que dicha progenie, a su vez, interpretará en el desarrollo de sus vidas. Debido a los accidentes de la mutación y la recombinación, los individuos están destinados a distinguirse en los rasgos específicos del perfil de sus personajes, lo que tiene consecuencias sobre su fecundidad relativa. Algunos personajes producen una descendencia que prolifera, dando lugar a un linaje, mientras que la de otros decrece o desaparece. Los cambios resultantes, en su acumulación a lo largo de muchas generaciones, dan lugar a lo que los biólogos evolutivos denominan filogénesis. De este modo, tal y como muestra la Figura 1.3, mientras que la ontogénesis se produce dentro de generaciones concretas, la filogénesis las atraviesa. La primera es un proceso vital, pero no intergeneracional; la segunda es intergeneracional, pero no es un proceso vital[5].

Esta división entre ontogenia y filogenia presupone la existencia de algún mecanismo que permita copiar y transportar los elementos del guion de una generación a la siguiente y que sea, además, independiente de los episodios histórico-vitales que se espera que estos elementos generen al combinarse de distintas formas. Para los biólogos evolucionistas de mediados del siglo XX, encontrar este mecanismo equivalía a la búsqueda del Santo Grial, que finalmente desvelaría los

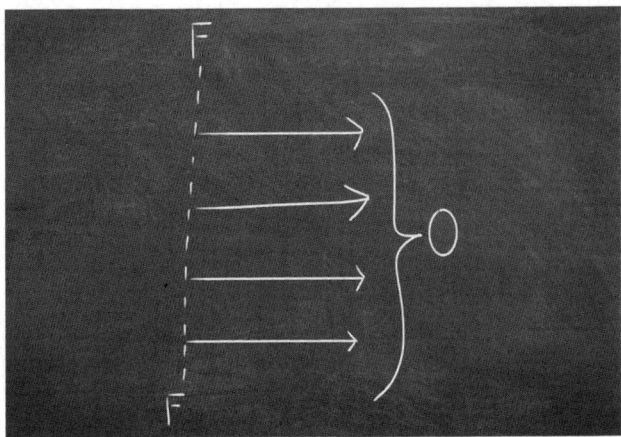

Figura 1.3. Ontogénesis (O) y filogénesis (F)

secretos de la vida. Con el descubrimiento de la estructura de la molécula de ADN, muchos creyeron haber encontrado la respuesta. Las propiedades manifiestas de esta notable molécula, capaz no solo de codificar información en su extensa secuencia de nucleótidos, sino también de generar copias casi perfectas de sí misma en el citosol de la célula, cumplían todas las características buscadas. De este modo, el ejercicio abstracto, casi matemático, de elaboración de modelos genealógicos pasó a incorporar el mantra de la concreción, al modo de las ciencias de laboratorio. A ojos de sus defensores, la llamada síntesis neo-darwiniana, que aunaba la teoría de la selección natural con la genética de poblaciones, había quedado confirmada definitivamente. De hecho, estaban tan convencidos que uno de ellos, el bioquímico y ganador del Premio Nobel Jacques Monod, llegó a declarar, en un libro publicado originalmente en 1970, que «nada favorece la suposición (o la esperanza) de que nuestras ideas en este sentido deban ser revisadas o vayan a poder serlo jamás»[6].

Sin embargo, nada en la teoría neo-darwiniana demanda que la replicación del ADN sea la única forma posible de copiar y transmitir caracteres de un ciclo vital a otro. Los psicólogos, ansiosos por ampliar los principios neo-darwinianos para dar cuenta de los fundamentos de la cultura, llegarían a señalar que —especialmente en el caso de los humanos, pero, en menor medida, también en el de otros animales— ciertos elementos de ese guion que debe ser copiado pueden codificarse no a través de moléculas, sino mediante palabras o símbolos equivalentes o, incluso, en comportamientos. Sin embargo, para explicar cómo estos elementos llegan a replicarse en generaciones sucesivas, necesitaban una teoría del aprendizaje. Hasta entonces, los estudiosos del comportamiento animal habían abordado el aprendizaje mayormente como un aspecto del desarrollo ontogénico. El animal, suponían, aprende dentro de su propia generación, ajustando su comportamiento a través de la práctica y la experiencia en un entorno determinado. Pero copiar información de una generación a otra por medios distintos de los genéticos, independientemente de las condiciones de vida, requería de un mecanismo de tipo completamente distinto. Haciéndose eco de la división entre filogénesis y ontogénesis, los psicólogos denominaron este proceso «aprendizaje social» para diferenciarlo del «aprendizaje individual» que tiene lugar a partir de la experiencia en el curso de la propia vida. Mientras que los individuos aprenden a lo largo de sus vidas, sostenían, a través de emular a otros, el aprendizaje social se produce por medio de la imitación[7]. En la base de esta distinción encontramos justamente la misma lógica del modelo genealógico.

Herencia y perdurabilidad

Siguiendo esta lógica, una generación no puede engendrar a otra. El engendramiento, como hemos visto, pertenece al mismo movimiento vital que la vida que engendra. Es un proceso de continuidad. Sin embargo, según la lógica del modelo genealógico, la sucesión de las generaciones interrumpe este movimiento. En este modelo, lo que cada generación recibe de su predecesora no es vida, sino un legado. En una palabra, hereda. Y una de las condiciones de la herencia es que lo que se hereda, sea lo que sea, se separa de la vida de quien lo lega y pasa o, literalmente, se transmite al destinatario del legado. En el ámbito del derecho, esto puede aplicarse a tierras, propiedades o títulos, si bien en su uso popular el concepto de herencia se ha extendido rápidamente hasta abarcar rasgos de la fisionomía o del temperamento que supuestamente derivan de un progenitor o ancestro. Así, un hijo podría «heredar» el carácter de su padre o los ojos de su abuela. Solo posteriormente se introdujo el término en el lenguaje formal de la biología y la psicología para describir la recurrencia transgeneracional de características evidentes, también conocidas como rasgos. Estrictamente hablando, no obstante, los rasgos no se reciben intactos y ya preparados al comienzo de cada ciclo vital, sino que vuelven a desarrollarse desde cero en cada caso. En una palabra: los rasgos, en sí mismos, no son heredables. Pero, entonces, ¿qué es lo que heredan los individuos?

Los biólogos responderían a esta pregunta con el concepto de gen. Si los rasgos no se reciben intactos en el momento en que se produce la transferencia, entonces, salvo interferencia de los accidentes de la mutación, son los genes para crearlos los que se reciben, supuestamente codificados en el material molecular de la herencia genética. Los psicólogos siguieron el ejemplo de la biología, inventando paralelamente el concepto del meme, concebido como una partícula de información que se transmite por imitación, en vez de genéticamente. Hay quienes, con gran pompa, han llegado a proponer modelos sintéticos de «co-evolución genético-cultural», que operarían mediante variación y selección sobre dos vertientes hermanas de la herencia: a saber, la genética y la memética[8]. Los rasgos que se manifiestan son, pues, la expresión combinada de genes y memes. No contentos con esto, otros han propuesto aún una tercera vía de «herencia ecológica», que operaría en conjunción con las otras dos. Su argumento es que los organismos no se limitan a adaptarse al medio tal y como lo encuentran; modifican sus entornos mediante actividades de «construcción de nicho» —como los castores al construir diques, o como los agricultores al despejar la tierra para cultivarla—, y estas modificaciones, que sobreviven a quienes las llevan a cabo, se transmiten también a la descendencia como parte de sus condiciones de vida. Al igual que la ontogénesis se distingue de la filogénesis y la emulación de la imitación, en este modelo, la construcción de nicho ocurre dentro de los límites de generaciones específicas y la herencia ecológica, entre ellas[9].

Hay un elemento de pensamiento mágico en esta apelación a la herencia, ya sea genética, cultural o ecológica, ya que conjura formas y significados haciéndolos aparecer de la nada, como si pudieran transmitirse con independencia de los procesos mediante los que se originaron[10]. Las moléculas de ADN, por ejemplo, no codifican nada por sí solas. Si los genes son portadores de un mensaje, este solo puede leerse de forma retroactiva, a partir de los resultados que se hacen visibles más adelante en el proceso de desarrollo. Del mismo modo, las palabras y otros signos del comportamiento no vienen con sus significados ya asignados, como supone la teoría del meme, sino que los adquieren con el uso, a partir de sus efectos sobre el mundo. Como afirma Ludwig Wittgenstein en sus *Investigaciones filosóficas,* son como los útiles de una caja de herramientas[11]. Hay que aprender a utilizarlos. Para un aprendiz que comienza a adquirir un oficio, esto no significa probar a poner en práctica, en solitario, un esquema operativo ya adquirido, sino que debe trabajar con un maestro codo con codo. El maestro ilustra cómo realizar la tarea mientras el aprendiz observa de cerca y coordina sus movimientos con la observación, tratando de integrar y hacer suyo el modo de ejecutar la tarea. La imitación y la emulación son aquí una y la misma cosa. Las habilidades, por tanto, no pueden heredarse. Solo pueden producirse y reproducirse en el curso del trabajo colaborativo entre generaciones.

Así sucede también en los entornos modificados. Los agricultores, como hemos visto, son los constructores de nicho por excelencia. Supón que perteneces a una familia de agricultores. Tus antepasados han trabajado su hacienda durante generaciones, y tú esperas heredarla según los términos que figuran en los títulos de propiedad. Lo que estos documentos describen, no obstante, es una ficción legal. Al tratarse de una propiedad territorial, consta en el registro como un terreno de extensión mensurable. Pero, habiendo trabajado sus campos junto a tus padres y abuelos, sabes que, en realidad, la hacienda no es así. Se trata más bien de una matriz de tierra y cultivos que, si ha de dar fruto ahora y para las generaciones venideras, requiere de atención constante, año tras año. Es un trabajo que nunca termina. La herencia por sí sola no encierra promesa alguna de estabilidad intergeneracional, puesto que un heredero pródigo podría dejar que la hacienda se echase a perder. Si se mide atendiendo a la integridad de los edificios, el estado de las tierras y la eficiencia de los sistemas de drenaje, la estabilidad debe mantenerse activamente a través de un trabajo productivo. Al fin y al cabo, lo que hace que una hacienda se mantenga como un entorno habitable y productivo no es la herencia de estos recursos, sino la continuidad en el proceso del trabajo agrario.

Así pues, en la práctica, ni las habilidades para la vida ni los entornos productivos pueden heredarse, sino que perduran. Mientras que la herencia se transmite saltando del ciclo vital de una generación al de la siguiente, la perdurabilidad es un proceso vital que se desarrolla en el espacio de simultaneidad entre generaciones. En la perdurabilidad, citando las palabras del filósofo Henri Bergson, vemos «cómo cada generación *se inclina sobre* la generación que vendrá después»[12]. Esto podemos observarlo en el trabajo de la tierra, en el aprendizaje de los oficios, en el amor de los padres por sus hijos, en los trabajos implicados en el proceso de engendrar. Aquí radica, para Bergson, la esencia de la vida, el *élan vital*. Para el pensamiento darwiniano dominante, engañado por su propia magia para creer que las generaciones, separadas por los mismos lazos de la herencia que las conecta, no pueden estar afectivamente implicadas en formarse unas a otras —y que, por tanto, el afecto está confinado a la experiencia individual—, el *élan vital* es una ilusión peligrosa. Para nosotros, sin embargo, señala un retorno del mecanismo de la herencia al del engendramiento, del paso de las generaciones a la regeneración de la vida. Todos los organismos individuales, en las inimitables palabras de Bergson, «son un simple brote que ha surgido en el cuerpo combinado de ambos progenitores»[13]. De este nuevo cuerpo brotarán otros a su vez, a medida que la vida continúa entretejiéndose incesantemente. Hemos regresado, finalmente, a la metáfora de la cuerda.

2. Re-pensar el discurrir de la vida humana

Envejecer y engendrar

¿La vida te acerca a tus ancestros o te va apartando progresivamente de ellos? ¿Sigues sus pasos o avanzas con determinación en la dirección opuesta? ¿Ves a tus antepasados ante ti, haciéndote señas para que los sigas al adentrarte hacia el futuro, o los has dejado atrás y van empequeñeciéndose a medida que el pasado se aleja? ¿Y qué hay de tus descendientes? ¿Están detrás de ti o te han dejado a ti atrás, intentando seguir su rastro? ¿Cuál es el camino más joven y cuál el más antiguo? Estas preguntas nos desconciertan. Antes he comparado el paso de las generaciones con el trenzado de una cuerda, donde cada vida constituye una hebra. Comencemos, pues, nuestra investigación a partir de esta analogía. Podríamos dejar que la cuerda se deslizase entre nuestros dedos, al menos, hasta donde acaba el trenzado, recitando la sucesión de los nombres de nuestros ancestros mientras relatamos la historia de quién engendró a quién. Los nombres van sucediéndose con el paso de la cuerda; primero, los de los ancestros más antiguos y después, los de los más recientes. La cuerda es, literalmente, un re-cordar: es memoria que vuelve a trenzarse. Y como sin duda puedes observar, la narración avanza al igual que la propia vida, del pasado al presente, y continuará hacia el futuro a medida que siga trenzándose la cuerda.

Bien puede percibirse así desde fuera. Pero ¿qué pasaría si observásemos la situación desde la perspectiva del interior de la propia cuerda? Imagínate estar en una de esas hebras. A medida que vas desarrollando tu vida, envejeciendo conforme avanzas, vas dejando un rastro tras de ti. Imagínate ese rastro como un sendero de huellas que se va desplegando bajo tus pies: las huellas más antiguas están en su extremo más alejado, y van siendo más recientes conforme se acercan a tu posición actual. En todo momento tienes ante ti a tus predecesores, que son quienes te han pasado su relevo para que sigas haciéndolo avanzar en su dirección. Ellos ya han llegado adonde tú llegarás, representan el futuro hacia el que tú te diriges. Por otra parte, a tu espalda avanza tu descendencia, caminando sobre las huellas que tú dejaste hace tanto tiempo. Representan el pasado. En el intervalo entre los dos radica el proceso del envejecimiento. Este, sin embargo, se desarrolla en la dirección contraria a la de la narrativa genealógica, ya que ahora tienes a tus ancestros ante ti y a tus descendientes, a la espalda. Es como si estuvieras esperando a la cola en una fila que avanza siempre hacia delante a medida que se va trenzando la cuerda. Como he intentado reflejar en la Figura 2.1, envejecer es la inversión del movimiento de engendrar.

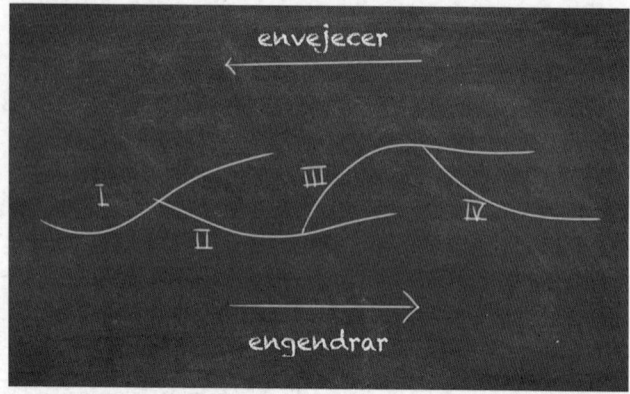

Figura 2.1. Envejecer y engendrar (los números romanos indican las sucesivas filiaciones)

La etimología de la palabra «cola» puede darnos una pista sobre esta inversión de perspectiva. Derivada del latín *cauda*, que designa la cola de un animal, su significado se amplió primero para nombrar los tallos de las plantas y las trenzas de pelo retorcido, y de ahí pasó a utilizarse para designar una línea de gente esperando su turno. Así, igual que envejecer es la inversión del engendramiento, la fila que espera es la inversión de la cola de un animal. Imagínate estar haciendo cola, con tus predecesores delante y tus sucesores a la espalda. Por supuesto, es imposible que todas estas personas sigan, o estén ya, vivas y presentes en el mundo del que tenemos una percepción directa. Pero incluso aquellas de las que podríamos decir que «se han ido», aunque solo sea desde la perspectiva de un observador externo, siguen influyendo en las vidas de quienes vienen detrás, que están en deuda con ellos al igual que los que están por nacer estarán en deuda

36

contigo y con tus contemporáneos. Los antepasados no dejan de llamarte por señas, aun mientras esperas la llegada de tus descendientes. Mientras tanto, sigues avanzando en la vida, como todo el mundo, midiendo tus días como pasos hacia un futuro que, igual que el horizonte en el espacio, no deja de retroceder a la misma velocidad con la que te aproximas. No obstante, imagina que te ordenan girar 180 grados. ¿Qué sucede entonces?

Todo cambia. Las personas que antes estaban delante de ti ahora están a tu espalda, mientras que tú te descubres cara a cara frente a quienes antes te seguían. El futuro, que antes se perdía en la distancia siguiendo senderos ancestrales, tal y como muestra la línea superior de la Figura 2.2, ahora parece venir directamente a chocarse contigo. Por su parte, los ancestros, a los que has dado la espalda, desaparecen en un pasado cada vez más lejano. Su tiempo ha concluido. El propio giro, ilustrado en la línea de la parte inferior de la

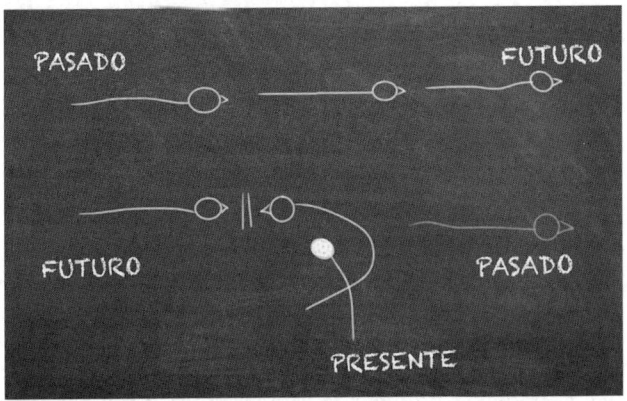

Figura 2.2. El giro sobre el presente y el pasado del futuro

imagen, implica una reivindicación sobre el presente. El presente se convierte en un lugar de resistencia, en un intento por detener el paso del tiempo, por dejarlo en punto muerto. Sin embargo, ninguna generación puede mantener su dominio indefinidamente. Tarde o temprano, la presión se vuelve demasiado intensa, y la generación en cuestión se ve apartada o es obligada a seguir su camino, dejando paso a la generación siguiente que en seguida sigue los mismos pasos, dando la espalda a la generación que la precedió para mirar de frente a su sucesora. En cuanto se da la vuelta, pasa a reivindicar un presente nuevo. La historia queda entonces reformulada como una serie de puntos de giro marcados por el advenimiento de cada nueva generación, que reclama el presente para sí.

Sumarse a la cola conlleva observancia de lo que acertadamente denominamos la tradición. La palabra tradición —que procede del latín *tradere*, «entregar», como en el traspaso de un relevo— en realidad no significa vivir en el pasado, sino avanzar hacia el futuro siguiendo los pasos de quienes te han precedido. Aunque puedes ir dejando tus huellas por viejos caminos, ya trazados, todo rastro es a su vez un movimiento original que otra persona seguirá llegado el momento. Lo mismo sucede en el arte de contar historias, donde la dirección de la *performance* en vivo se ve invertida en el flujo temporal de la narración. Incluso en el momento de caer desde tus labios, las palabras ya están alejándose en la estela de tu propio movimiento hacia delante. Así pues, estrictamente hablando, dar la espalda a la tradición no significa renunciar a lo que ya ha pasado, sino rechazar todo lo que la tradición promete de cara al futuro. En otras palabras, el carácter de «pasado» de la tradición no está dado *a priori*, sino que proviene del mismo acto de voltearse con el que una generación reclama para sí el presente. En este giro se origina, además, un futuro que, desde el punto de vista de quienes todavía se guían por las costumbres tradicionales, no hace sino mirar hacia atrás, ya que elige la irreversibilidad de los finales predeterminados sobre la posibilidad de una sucesión incesante de nuevos comienzos. Tal es el camino de la modernidad.

El Ángel de la Historia

En dicho camino, el tiempo se mide con reloj. ¿Qué es lo que causa el tic-tac del reloj, al fin y al cabo? Su movimiento de revoluciones, impulsado por la fuerza vital del resorte que constantemente busca destensarse, o por el peso del péndulo bajo la atracción de la gravedad terrestre, se ve detenido periódicamente por el tope de un áncora contra el diente de la rueda de escape para luego volver a ser liberado de nuevo. El tic-tac que escuchamos es el sonido que hace el áncora al chocar contra el diente, y el tiempo que mide el reloj no viene dado por el destensamiento del resorte, sino por estos parones sucesivos, cada uno señalado por un tic. Del mismo modo, tal y como muestra, en forma de esquema, el diagrama de la Figura 2.3, las generaciones marcan el tiempo convirtiendo su propio movimiento hacia delante en una sucesión entrecortada de escapes, al modo del reloj. El flujo de la vida, como el del tiempo, se convierte en un tartamudeo. Cuando la vida escapa, la serie entera se desliza una marca hacia adelante. La generación que se retira, en lugar de avanzar hacia el futuro, se

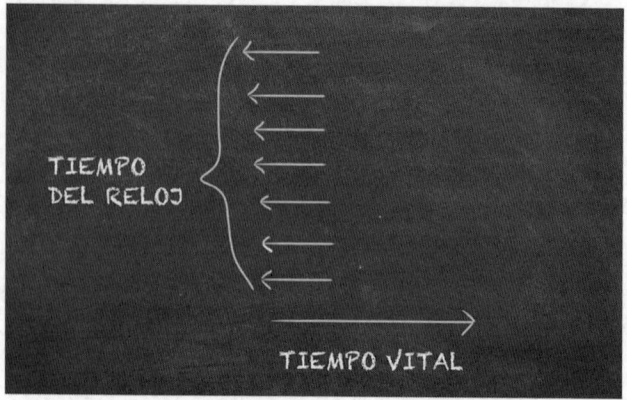

Figura 2.3. El tiempo vital y el tiempo del reloj

desvanece en el olvido del pasado, mientras que la generación que llega se voltea para asumir su lugar en el presente. Así, cada generación presente, habiendo dado la espalda al pasado, se posiciona como guardiana del futuro.

A ello se debe la compulsión existente por reemplazar lo viejo con lo nuevo: así se demuestra que el tiempo pasa y que la historia se está construyendo. Ciertamente, nada logra cautivar la imaginación moderna tan poderosamente como la idea del cambio radical, ya que, a los ojos del presente, el futuro se nos presenta no tanto como un camino a seguir sino como un problema por resolver. Si las generaciones anteriores, que ahora pertenecen al pasado, lo hubieran resuelto ya, no quedaría nada por hacer en el presente. Las nuevas generaciones no tendrían más que amoldarse a un plan previamente trazado. Esta clase de obediencia equivaldría a renunciar a cualquier futuro que pudieran considerar como propio. Así pues, la idea de que el presente es dueño del futuro se basa en asumir que el pasado fracasó. Esta es la creencia por defecto de la modernidad: que el camino del pasado está empedrado de errores. Nuestro conocimiento siempre está por encima del de quienes nos precedieron. En ciencia y tecnología, refutamos sus conjeturas para sustituirlas con otras de nuestra invención. En arquitectura, abandonamos sus diseños en favor de otros más novedosos. En educación, desechamos el sistema antiguo e iniciamos a los estudiantes en uno nuevo.

La consecuencia inevitable de esto será que, llegado el momento, las soluciones que propone el presente se revelen igualmente erróneas. Entonces, si bien la generación que propone tales soluciones —es decir, la nuestra— pasará de largo, es posible que el impacto de haberlas puesto en práctica se mantenga, como ha sido el caso con las soluciones que las generaciones anteriores han implementado, dejando cicatrices duraderas no solo en nuestros corazones y nuestras mentes, sino también en el mundo que nos rodea. Así pues, cada generación está destinada a vivir entre las ruinas de los futuros ya obsoletos propuestos por las generaciones que la precedieron, los cuales tal vez solo llegaron a construirse a medias antes de ser derribados para dejar paso a lo siguiente. Si fueras un ser celestial, encargado de montar guardia eternamente ante la puerta por la que, uno por uno, estos antiguos futuros van pasando a la historia, serías testigo de cómo se va formando una gigantesca pila en la que un futuro tras otro, hasta chocar con el presente, quedan reducidos a escombros. Serías la personificación del *Angelus Novus*, el Ángel de la Historia, tal y como aparece famosamente representado en un monotipo de 1920 del artista Paul Klee. La lámina fue adquirida al año siguiente por el filó-

sofo y crítico Walter Benjamin. En un fragmento redacta-
do en 1940, poco antes de suicidarse como fugitivo del régimen nazi, Benjamin describe el Ángel con las siguientes
palabras:

> Su rostro está vuelto hacia el pasado. Allí donde nosotros perci-
> bimos una concatenación de eventos, él ve una sola catástrofe
> que no deja de amontonar ruinas sobre ruinas y las arroja a sus
> pies. El ángel querría quedarse, despertar a los muertos y reparar
> lo que se ha destruido. Pero una tormenta sopla desde el Paraíso;
> se ha apoderado de sus alas con tal violencia que el ángel no es
> capaz de cerrarlas. La tormenta lo impulsa irresistiblemente ha-
> cia ese futuro al que tiene vuelta la espalda, mientras, delante de
> él, la pila de escombros crece hacia el cielo. Esta tormenta es lo
> que llamamos progreso[1].

El sentimiento de desesperación resulta palpable. ¿Puede haber alivio alguno para la cadena de cataclismos que, a
modo de soluciones finales, generación tras generación han
ido infligiendo, siempre en nombre del progreso? Mientras
sigamos tratando de dar forma a un futuro que percibimos
como acercándose a nosotros a base de proyectar nuestros
planes en el mundo al que nuestros sucesores están a punto
de incorporarse, la respuesta solo puede ser un «no». En
ese caso estaremos condenados al tartamudeo interminable
propio del mecanismo de escape. El tartamudeo, a fin de
cuentas, no es una señal de que el progreso se esté debili-
tando, sino su forma misma de avanzar, mediante una acumulación en serie de movimientos de retroceso. ¿Por qué si
no serían, junto con el reloj, la excavadora y la grúa sus ins-
trumentos emblemáticos? La excavadora limpia el terreno

de los restos de intervenciones pasadas, sin dejar nada que permita retomar el trabajo; la grúa, desde lo alto, toma piezas nuevas y las levanta para colocarlas en su lugar. El Ángel, sin embargo, mantiene la vista puesta en las costumbres ancestrales. Anhela recuperar el camino de la tradición, con su promesa de renovación que hace posible un futuro eterno. Para Benjamin, «despertar a los muertos» significa justo eso: deshacer el giro catastrófico que ha tomado la modernidad y guiarnos de nuevo por la luz y las vidas de quienes nos han precedido.

¿Y si siguiéramos la mirada del Ángel? Aunque parezca que mira al pasado, de espaldas al futuro, ello es fruto tan solo de nuestro punto de vista, cuando, al girar sobre el presente, planeamos el futuro como un proyecto. El propio Ángel no reclama ningún derecho sobre el presente, sino que se lamenta por un tiempo en el que cada momento era el pasado de un futuro. Descorazonado por el giro de los acontecimientos, sus ojos sobresaltados nos advierten de la necesidad de dirigir la mirada hacia nuestros ancestros en lugar de darles la espalda. Si nuestras vidas se encontraran con las suyas en la simultaneidad de su existencia, podríamos trabajar con —y no contra— ellos por encontrar el camino por el que avanzar. Un aspecto clave de esta propuesta es que no tiende hacia el reaccionarismo o la inercia. Las personas que aún viven siguiendo los pasos de sus antepasados no están atrasadas. Con demasiada frecuencia, la creencia de que esta gente está atascada en el pasado, de que se ha quedado atrás en el curso de la historia, se ha utilizado para justificar su opresión —o peor, su aniquilación—. Esta creencia viene, como hemos visto, de haber dejado la tradición a nuestra espalda. La promesa que aguarda al sumarnos a la tradición, mirando hacia delante, es otra distinta: supone abrir la posibilidad de un futuro que, en lugar de conducir a un final proyectado de antemano, contiene en sí mismo la promesa de eternidad.

La curva de campana

Una generación que se apropia para sí del presente obstruye el progreso continuado del pasado al futuro que el envejecimiento conlleva. Instaura por decreto una barrera impenetrable que ataja la fila con un corte en perpendicular. Jóvenes y viejos se ven irrevocablemente separados en lados opuestos. El presente retrasa el momento de permitir la entrada a los primeros, y al mismo tiempo presenta el tránsito de los segundos como una retirada. Esta separación entre jóvenes y viejos es, en mi opinión, una de las grandes tragedias de la era moderna. Tal vez hayan sido necesarios los años de la pandemia, en su punto álgido entre 2020 y 2022, para hacernos entender su magnitud. Las severas restricciones que se impusieron durante los períodos de confinamiento a menudo aislaron a los más jóvenes y a los más ancianos, que no tenían posibilidad de ver a otros en persona. Los nacimientos quedaron sin celebrar y las muertes, sin llorar. No obstante, en realidad, esta situación de emergencia no hizo sino acentuar unas divisiones que ya existían. En la mayoría de los casos, abuelos y nietos ya vivían separados, en casas distintas o, incluso, en residencias, visitándose solo de forma intermitente para renovar el contacto. Es como si una cuña se hubiese insertado dividiendo a ambos grupos. Esta cuña es la generación del presente. Afincada entre jóvenes y viejos, constituye lo que en adelante llamaré la «Generación Ahora».

Los integrantes de la Generación Ahora son quienes están al mando. Tras haber tomado posesión de la porción que les corresponde del tiempo y la historia, están tan ocupados en construir su mundo, tan preocupados con los asuntos de actualidad, que prestan escasa atención a mayores y jóvenes. Sus mayores, piensan, han disfrutado ya su tiempo y deberían retirarse con elegancia para vivir sus años de declive. La juventud, por el contrario, debe ponerse al día rápidamente para afrontar un futuro que ya está preparado para ellos. El resultado es una inflexión peculiar en el transcurrir de la vida. Este parece adoptar la forma de una curva de campana, como se muestra en la Figura 2.4,

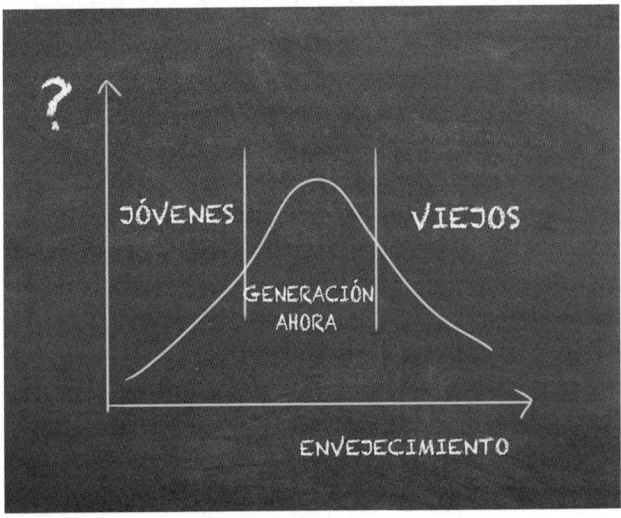

Figura 2.4. La curva de campana

que a grandes rasgos se puede dividir en tres fases. En la primera, se moldean las capacidades de las jóvenes mentes, que se llenan con lo que necesitan saber para funcionar en ese nuevo mundo al que están a punto de enfrentarse. La segunda fase, la intermedia, representa el apogeo de su poder para actuar sobre el mundo. Todos están inmersos en su trabajo, «realizando su potencial», como dicen ellos. Sin embargo, una vez que ese potencial se agota, al no tener nada más que aportar, entran en la fase final de deterioro y declive, en el transcurso de la cual sus capacidades desaparecen y sus conocimientos van quedando cada vez más obsoletos[2].

¿Qué es lo que expresa la altura de la curva medida desde la base? ¿La aptitud intelectual? ¿La conversión de potencial en poder efectivo? ¿El conocimiento? Podrían ser todas estas posibilidades. Una cosa que la curva no mide, no obstante, es la sabiduría. Como veremos más adelante[3], hay sabiduría en no conocer. El sabio puede no tener conocimiento, pero aun así sabe, en el doble sentido que tiene en inglés el verbo *to tell*[*]: por una parte, su atención está finamente calibrada para percibir las variaciones del entorno que resultan relevantes para su forma de vida y, por otra, está familiarizado con las historias que explican el mundo, especialmente, con las historias de los seres ancestrales cuyas actividades dieron al mundo su forma actual. En aquellos pueblos que hoy en día llamaríamos «indígenas» –pero que hace mucho tiempo habrían incluido a casi cualquier

---

[*] *To tell* indica tanto contar, en el sentido de transmitir información verbalmente, como discernir, ser capaz de nombrar una cosa por lo que realmente es (*N. de la T.*).

grupo humano cuya subsistencia procediera de la tierra y sus aguas—, los jóvenes crecían escuchando las historias y observando las prácticas de sus mayores, descubriendo los significados de las historias y desarrollando sus habilidades de atención en el curso de su propia experiencia, convirtiéndose a su vez en narradores y en ejecutores de esas prácticas. Como vimos en el Capítulo 1, aquí no hablamos de herencia sino de perdurabilidad, conforme las historias continúan y las habilidades se regeneran a través de la colaboración intergeneracional.

Durante la mayor parte de la historia de la humanidad, esta ha sido justamente la forma de vivir la vida. Viejos y jóvenes trabajaban y envejecían juntos. Hoy en día, sin embargo, por lo general, esto ya no es así. ¿Qué ha sucedido? ¿Qué fue lo que llevó a los poderosos agentes de la generación de en medio a cortar por la fuerza, y a veces brutalmente, la cuerda del engendramiento, a separar a los niños de la compañía de sus mayores, siempre en nombre del progreso? ¿Qué ha encendido en la Generación Ahora semejante afán por construir un mundo según su voluntad, hasta el punto de relegar la sabiduría de sus mayores a un pasado ya desaparecido y tratar a su propia juventud como recipientes vacíos, desprovistos de todo conocimiento, que deben iniciarse en un futuro que no pueden participar en definir? No es fácil encontrar las respuestas. Probablemente tengan mucho que ver con la erosión que el capitalismo ha ejercido sobre los modos de producción doméstica, con el traspaso al Estado de las funciones educativas de la familia y, en el caso de los pueblos indígenas, con la opresión colonial[4]. Sea como sea, lo que está claro es que la Generación Ahora no tiene tiempo para historias ni habilidades. Estas, dicen, pertenecen a la tradición. Solo se conservan para entretener a los jóvenes con demostraciones de su patrimonio, o para permitir a los mayores disfrutar de sus arrebatos de nostalgia.

La Generación Ahora se mueve por objetivos. Tiene fines y medios propios. Sin embargo, a medida que sus fines se expanden, alimentados por la ambición del desarrollo hacia el progreso, sus medios se contraen. Sus objetivos a corto plazo no nos aseguran en absoluto que la vida vaya a ser capaz de superar el futuro que ya se vislumbra. Ante el problema de la catástrofe medioambiental que se avecina, su única respuesta consiste en fantasear con una solución geotecnológica permanente o con descubrir nuevas reservas de recursos en otros planetas y dejar al grueso de la humanidad malviviendo con los recursos de una Tierra irreparablemente dañada. Cualquier competición tiene muchos más perdedores que ganadores, y por cada individuo lo bastante avispado para triunfar, habrá otros mil que fracasarán. Por el contrario, un mundo que se base en la continuidad y que ofrezca esperanza a las generaciones venideras no puede ser para unos pero no para otros, y mucho menos estar reservado a una minoría selecta. En él debe haber espacio para todos y todo, para siempre. Solo existe, en mi opinión, una manera de crear un mundo semejante, y consiste en aflojar el poder que actualmente ejerce la Generación Ahora. ¿Somos capaces de imaginar una sociedad en la que jóvenes y viejos, actualmente excluidos de las tareas que definen el mundo, puedan nuevamente colaborar en generar las condiciones que determinan la vida en común?

Vida y muerte

Tal vez podríamos aprender una lección de los chukchi, una población indígena de la zona situada más al nordeste de Siberia. La lengua chukchi tiene dos palabras para referirse a lo que podríamos llamar «vida» o «existencia»: *va'irgin* y *unatgirgin*. Los significados de ambas guardan una sutil diferencia. *Unatgirgin* se refiere a los seres y cosas que vemos a nuestro alrededor. Cada uno de ellos vive, existe, siguiendo su propio camino, avanzando en el tiempo igual que todo lo demás. Sin embargo, cada una de estas vidas no es sino una especie de giro, un enroscarse sobre sí mismo, del movimiento creativo eterno que es la vida o la existencia misma. Este movimiento es lo que denominan *va'irgin*. Sin *va'irgin*, tal y como explica la antropóloga Jeanette Lykkegård en su fino estudio sobre la vida y la muerte entre los habitantes de los pueblos chukchi de Aichavayam, en el norte de Kamchatka, «no habría seres humanos, ni árboles, ni ríos, ni animales, ni sol, etcétera»[5]. Es dentro de esta fuerza vital (*va'irgin*) donde las cosas y los seres cobran existencia (*unatgirgin*) como lo que son, cada uno de ellos con su propia forma y carácter. Ningún ser mortal vive para siempre y, siempre y cuando se observen los ritos marcados por la costumbre, cuando le llegue la hora, como habrá de suceder inevitablemente, volverá a mezclarse en el flujo de la creación del cual surgió y en el cual todo se origina.

En resumidas cuentas, para los chukchi la muerte no es un final; es un pasaje hacia la vida —o, mejor, del ámbito de lo que es al ámbito de lo posible—. La vida real, al igual que la tira de cuerda con la que ya hemos establecido comparación, está llena de giros y torsiones. Se enrosca sobre sí misma y en torno a las demás vidas en un movimiento en espiral que no cesa de desviarse respecto de la dirección del propio flujo, dándose forma sobre la marcha. Leer la descripción de Lykkegård sobre el mundo vital de los chukchi me trajo de nuevo a la mente la filosofía de Bergson, de la que he sacado abundante inspiración en el pasado. Bergson afirma que forma parte de la naturaleza de los seres vivos el «volverse contra sí mismos»[6]. La vida en sentido general sigue avanzando, pero las vidas particulares siempre se quedan atrás: se muestran reticentes, se tensan contra el flujo y acumulan esta tensión en la potencia de sus cuerpos por tanto tiempo como son capaces de aguantar hasta que llega el momento en que sus fuerzas decaen y, con la muerte, la tensión se deshace y vuelve al flujo general de la vida. Posteriormente, haciéndose eco de Bergson, el filósofo Gilbert Simondon remarcó en esta capacidad para «desacompasarnos respecto de nosotros mismos», a través de la cual los seres vivos cobran definición en su existencia en el mundo real[7].

Esta imagen de acompasamiento y desacompasamiento nos devuelve a la metáfora de la cola que antes introdujimos. Para Simondon, al igual que para Bergson, la cola no deja de avanzar, a pesar de los giros, torsiones y pasos en falso de los seres vivos. De hecho, es a partir del propio impulso que mueve esa cola de donde las criaturas obtienen la energía para generar y sustentar su existencia —o, en una palabra, para su ontogénesis—. Del mismo modo, para los chukchi, *unatgirgin* surge de *va'irgin*: lo que es, de lo posible. Inversamente, la vida, en su realización concreta, alberga un impulso intrínseco hacia la posibilidad de la muerte, una evolución que experimentamos en la forma del envejecimiento. La Generación Ahora, sin embargo, al darse la vuelta y reivindicar como suyo el presente, hace que este movimiento se detenga con una sacudida. Su vida, ahora confinada en un estrato generacional particular, queda comprimida de un modo equivalente a la acción de correr sin moverse del sitio. Al enfrentarse a la perspectiva, por lo demás inevitable, de su propia obsolescencia y su eventual reemplazo, hace todo cuanto está en su mano para prolongar su tiempo a cargo del presente, viendo el envejecimiento como una ofensa a la que plantar cara. Por eso, tal y como observa Benjamin, la Generación Ahora no envidia al futuro. Su felicidad, escribió, está macerada en el tiempo que le asigna la duración de su propia existencia[8].

La Generación Ahora tampoco tiene tiempo para la muerte. Entiende la muerte no como un movimiento intrínseco a la vida, sino como un adversario externo, achacable a agentes de morbilidad que deben mantenerse alejados por todos los medios posibles. En el sueño transhumanista de la inmortalidad, esta idea alcanza la expresión de su lógica más extrema. Para los transhumanistas, la muerte no es más que otro problema por resolver[9]. El hecho de que todos los seres humanos hoy vivos estén condenados a morir solo es señal del fracaso de nuestra tecnología, a día de hoy, a la hora de encontrar una solución viable. La maquinaria del cuerpo todavía puede estropearse y su operador mental tiene tendencia a ausentarse, pero si pudiéramos resolver estos problemas, nada en principio debería impedir que los seres humanos vivan para siempre. Podrían decir adiós de una vez por todas a los padecimientos del envejecimiento y el engendramiento. Este sueño no es nada nuevo; por el contrario, es inherente a la idea misma de progreso. En su historia del pensamiento evolucionista a lo largo del siglo XIX, John Burrow señala cómo quienes creen en el progreso siempre desearían que la suya fuese la última o, al menos, la penúltima generación, querrían estar «a punto de sacar la última carta»[10].

Para los chukchi, la cuestión es muy diferente. En su mundo, envejecer y engendrar son condiciones gemelas de la continuidad de la vida. Lo peor que puede sucederle a una persona es morir en un hospital, no solo lejos de su casa, sino en las garras de un régimen biomédico que, al tratar la muerte como algo terminal, bloquea inevitablemente la reabsorción en el flujo de la potencialidad de la vida, *va'irgin*. Sin embargo, puede que incluso en una sociedad como la nuestra, bajo el firme control de la Generación Ahora, aún pueda encontrarse un vestigio de posibilidad en los jóvenes y los mayores, los extremos opuestos de la curva de campana. Encarnando, respectivamente, lo que «aún no es» y lo que «ya ha terminado», permanecen sumidos en la penumbra que rodea la brillante luz del presente. Al juntarse, los abuelos y sus nietos están en contacto con ritmos más perdurables del tiempo, en formas en que la generación intermedia correspondiente a los padres, enfocada en lograr objetivos, no lo está. No hablamos aquí de tiempos de reemplazo y sucesión diacrónicos, sino de un tiempo de renovación continua, el tiempo del clima y las estaciones, del romper de las olas y el correr del río, del crecimiento y la descomposición de la vegetación y de la llegada y partida de los animales, de los alientos y los latidos. Es este el tiempo que añora el *Angelus Novus*. ¿Podrían los jóvenes y los mayores, a través de su colaboración, traerlo de vuelta?

3. Recordando el camino

El terreno laminado

Cuando comencé a trabajar como profesor universitario me consideraba a la vanguardia de los tiempos. No solo estaba enseñando ideas nuevas, sino que para ello utilizaba el instrumental más avanzado. En aquellos tiempos no había ordenadores ni sistemas de visualización digital, e incluso las fotocopiadoras no estaban más que en mantillas. Mi departamento, sin embargo, había adquirido hacía poco un artilugio llamado «retroproyector». Ninguno de mis colegas mayores quería tener nada que ver con él, pero a mí me encantaba. Me gustaba incluir diagramas en mis clases, que podía preparar dibujando cada uno en una hoja transparente de acetato. Al colocar la hoja sobre el cristal del aparato, iluminada desde abajo con una luz potente y con un espejo inclinado sobre ella, podía proyectar el diagrama sobre una gran pantalla de modo que todos lo vieran. Incluso podía escribir en las hojas con un rotulador, ya fuera antes de mostrarlas o al tiempo que explicaba. Sin embargo, al colocar una hoja encima de otra se producía un efecto peculiar. Los diagramas de la hoja situada por debajo se transparentaban, haciendo que la imagen que aparecía sobre la pantalla se convirtiera en un caos de líneas entrecruzadas que no guardaban mayor relación entre sí que los rastros de gotas de lluvia en una ventana con el paisaje situado al otro lado.

Cuando miramos un paisaje, solemos ver un terreno similarmente atravesado por líneas entrecruzadas de toda clase, entre las que se incluyen tanto líneas de paso —como carreteras, senderos, caminos y vías fluviales—, como líneas de demarcación —como muros, vallas y zanjas—. Algunas parecen de una antigüedad considerable, otras parecen más recientes o incluso nuevas. ¿Es posible que este paisaje atravesado de líneas se haya configurado justo de la misma forma que la composición que aparece en el retroproyector al superponer los estratos de varias láminas, cada una con sus propias marcas? ¿Puede ser que la historia de un paisaje se vaya apilando, a medida que cada generación presente añade su propio estrato sobre los que ya se han depositado con anterioridad? Cabe observar que las líneas antiguas parecen difusas y, en comparación con las más recientes, resulta difícil discernirlas. A veces solo pueden reconocerse desde el aire. Si buscamos un porqué, podríamos suponer que los estratos del suelo son menos transparentes que mis hojas de acetato. De este modo, cada nuevo estrato iría cubriendo los anteriores, que a su vez irían hundiéndose más y más abajo en la pila. Sin embargo, al igual que sucede con el proyector, el pasado, aunque sea de forma difusa, todavía se transparenta —y más aún bajo una iluminación potente—.

Ya nos hemos encontrado con un eco de esta noción de terreno laminado al examinar la forma en que la antropología clásica plantea su modelo del funcionamiento de las generaciones y su sucesión. La misma idea emerge en muchos otros campos académicos de carácter humanista. La vemos, por ejemplo, en los estudios sobre el lenguaje y la literatura, la arqueología y la arquitectura. Los lingüistas distinguen el plano de la sincronía frente al eje de la diacronía. En el primero es donde se despliega la configuración estructural de una lengua en un momento dado, mientras que a lo largo del segundo se suceden los cambios que esa lengua experimenta a medida que cada configuración da paso a la siguiente. La semejanza entre los términos «género» y «generación» en el ámbito de los estudios literarios no es casual, ya que ambos comparten una misma raíz. Los teóricos analizan cómo nuevos géneros de escritura sustituyen a los antiguos o cómo cada generación superpone su propia lectura de los textos antiguos a las interpretaciones de generaciones pasadas. Los arqueólogos, por su parte, identifican distintos niveles en la ocupación de un sitio, cada uno de los cuales cuenta con un repertorio característico de artefactos. Estos se disponen en una sucesión de estratos, con el más reciente en lo alto. Incluso los arquitectos, que al hacer sus planes piensan más en construir el futuro que en desvelar el pasado, tienden a suponer que cada nuevo proyecto comienza con una hoja en blanco, con un terreno inmaculado sobre el que comenzar a construir desde cero.

Detrás de todos estos ejemplos subyace una misma premisa que ya conocemos: que la vida se vive en el presente.

Nosotros, las personas de la actualidad, vivimos en nuestro tiempo; la gente del pasado vivía en el suyo. Partiendo de esta premisa, es imposible que las vidas de los descendientes sean una prolongación de las de sus ancestros, o que las vidas de los ancestros engendren descendencia. La vida social puede ser una larga conversación, pero para los lingüistas, cada enunciado de la conversación —en la medida en que está gobernado por una estructura que es común a todos los hablantes de la lengua— tiene lugar en el plano de la sincronía. El cambio diacrónico, de un plano al siguiente, es esencialmente discontinuo. Del mismo modo, para los estudiosos de la literatura, el texto o la lectura son una expresión de su época; en el canon literario, cada género es una generación y la escritura se desarrolla dentro de esos géneros, no en el proceso de generar los siguientes. En el archivo arqueológico, los artefactos están férreamente ligados a su fecha de fabricación, sin dejar por ello de hundirse cada vez más profundamente en el pasado. Con cada año que pasa se hacen más viejos, pero su edad nunca cambia. En cuanto a la arquitectura, los edificios pertenecen al siglo de su construcción, y solo sobreviven en la actualidad gracias a las medidas que se adoptan para preservarlos.

Esta premisa, no obstante, también resulta fundamental en lo que se refiere a la idea de patrimonio. En sentido literal, un patrimonio es una herencia, un legado que una generación traslada, completamente formado e intacto, a la siguiente. Como hemos visto, para ser heredado, este legado —ya se trate de cosas o ideas, sea tangible o intangible— debe separarse de las idas y venidas de la vida, así como de las historias relativas a lugares y personas de las cuales nuestras propias historias vitales son continuación. Por la misma lógica, una vida que perdura a lo largo de generaciones no puede heredarse. Los niños no pueden heredar a sus padres y abuelos. Por supuesto, puede que hereden la propiedad de sus padres, incluidos sus efectos personales y sus prerrogativas, así como la casa de sus antepasados y la parcela de tierra sobre la que se levanta, pero no pueden heredar el entorno afectivo en el que los criaron, el hogar en el que crecieron o el lugar al que este pertenece. Del mismo modo, los jóvenes pueden heredar de sus mayores una abundante literatura, ya sea oral o escrita, pero no su lengua materna. No pueden heredar linaje, afecto, hogar, lugar ni lengua, porque estas cosas constituyen la matriz generadora de la que proceden, y ya forman parte integral de ellos mismos.

Senderos del pasado

Así pues, ¿qué tiene que suceder para que la vida se convierta en patrimonio? Esto equivale a convertir a las personas en propiedades, los afectos en efectos, los hogares en casas, los lugares en tierras y las conversaciones en texto. En todos los casos, la transformación implica extraer la vida de estos elementos, en lugar de considerarlos como núcleos continuados de crecimiento y desarrollo. Desde este reduccionismo, la persona se convierte meramente en un manojo de rasgos o características, el amor y el cuidado no son sino la entrega de recursos materiales, el hogar no es más que un edificio, un lugar no es otra cosa que un entorno físico, la lengua hablada es un simple *corpus* de expresiones. Cuanta más vida se extrae de las costumbres ancestrales, al convertir estas en patrimonio, más constreñida queda esa vida en el plano que corresponde al presente. Ya hemos visto esta lógica en acción en el contexto del modelo genealógico, donde establece una separación absoluta entre la vida que se desarrolla dentro de cada generación y la transmisión de recursos entre generaciones. Aquí volvemos a encontrarnos con la idea de que las generaciones se van acumulando unas encima otras, de manera que cada una habita su propio segmento temporal, separadas y conectadas al mismo tiempo por la transmisión de la herencia. ¿Qué sucede, entonces, cuando el objeto de esta transmisión es el terreno mismo sobre el que la vida es vivida?

Por lo general, la vida deja su marca en el terreno en forma de pistas y senderos. En el caso de los humanos, bípedos, para formar un sendero hace falta que pasen más de un par de pies —y más de unos cuantos—. Un caminante solitario no deja más que un rastro de pisadas, y solo si el terreno es blando, separadas entre sí por espacios de la medida de los pasos del caminante. Un animal cuadrúpedo, como un caballo o un perro, deja tras de sí un patrón diferente, pero igualmente reconocible, de huellas de pezuña o de zarpa. Esto son pistas, que permiten leer una gran cantidad de información acerca de la criatura que las creó —qué era, cuándo pasó, hacia dónde se dirigía y cómo de rápido caminaba—. Pero una pista no es lo mismo que un sendero. Para formar un sendero, es necesario que un gran número de pies pasen por el mismo lugar, ya sea en un solo desplazamiento masivo o en muchos desplazamientos individuales durante un período largo de tiempo, de manera que casi nunca es posible distinguir huellas individuales. Así, el sendero se va formando a la par que las criaturas que lo utilizan, los lugares que habitan y el paisaje en el que va quedando inscrito, de modo que constituye la cristalización de un proceso vital colectivo. Como tal, puede desarrollarse a lo largo de generaciones, a medida que los descendientes van siguiendo los pasos de sus ancestros.

De pequeño, puede que tuvieras por costumbre pasear por un camino familiar con tus padres y tus abuelos, quienes tal vez lo recorrerían con los suyos cuando eran jóvenes. El camino es algo que construís juntos. Pero, precisamente por estar en constante co-creación en la colaboración entre generaciones, el camino no se hereda. Tal vez sea este el motivo de que tan pocos caminos, aun a día de hoy, sean conmemorados como manifestaciones del patrimonio[1]. En nuestra experiencia cotidiana, recorrer un camino implica al mismo tiempo recordar por dónde discurre; es un movimiento vital de prolongación que anticipa el futuro aun cuando avanza siguiendo el rastro de un pasado harto conocido. Convertir un camino en patrimonio implicaría interrumpir este movimiento, al hacer del camino un mero objeto de la memoria, como una narración acabada, lista para transferirse igual que cualquier otra propiedad heredable. Así pues, caminar por un sendero declarado como patrimonio no es una forma de continuar con una tradición viva, sino de recrear un pasado ya cerrado. Volviendo a la comparación del retroproyector, es como colocar una hoja de acetato sobre otra en la que ya se ha marcado una línea, y a continuación trazar esa misma línea en la hoja nueva.

Algo crucial en esta operación es que la nueva línea es trazada por encima de la original, sin entrar jamás en contacto con ella. En un sendero declarado como patrimonio, ya nunca podremos seguir los pasos de nuestros antepasados de la misma forma en que antes caminábamos con nuestros padres y abuelos, ya que la lógica de la herencia ahora nos sitúa en estratos separados, cuyas superficies se tocan como las de las hojas apiladas, pero cuyas líneas no llegan nunca a encontrarse. Tal vez aquí esté el origen de la peculiar expresión, que tanto gusta a quienes se encargan de desarrollar medidas políticas, según la cual una nueva intervención legislativa no se redacta, sino que se «saca», como si se tratara de un nuevo producto. Si cada camino en la vida equivale a un nuevo lanzamiento, entonces cada uno de ellos, en lugar de volver a marcar un terreno ya existente, superpone un terreno nuevo en el que inscribir sus propias marcas, dejando el primero intacto. No obstante, excepto bajo las condiciones artificiales que protegen cuidadosamente un camino patrimonial del desgaste ocasionado por el paso de nuevos pies —por ejemplo, cubriéndolo con un cristal—, no es esto lo que sucede en la práctica. Por el contrario, en lugar de añadir un nuevo estrato, las huellas de cada caminante contribuyen a inscribir continuamente el camino. Al mismo tiempo, la propia superficie del terreno se renueva constantemente, no a base de añadir estratos nuevos, sino al perderlos en el proceso natural de la erosión.

Este es el motivo por el que, en último término, la analogía del retroproyector resulta fallida. Permitidme volver a la cuestión de por qué los caminos de mayor antigüedad se nos presentan menos definidos que los más recientes. Hace mucho tiempo, cuando se utilizaban regularmente, estas vías antiguas debieron estar profundamente inscritas en el terreno. Sin embargo, desde aquel entonces, la erosión progresiva, principalmente debida al desgaste de los elementos, ha hecho que las capas más profundas de estas inscripciones emerjan casi hasta alcanzar la superficie, donde pronto desaparecerán. Resultan apenas visibles. Mientras tanto, los caminos más nuevos, que aún no han estado expuestos de manera tan prolongada a los avatares del clima, han dejado marcas más profundas —siendo las más recientes las más profundas de todas—. En este caso, la comparación más apta no es con un retroproyector, sino con una tecnología de escritura mucho más primitiva, que utiliza pluma y pergamino: el palimpsesto. Un palimpsesto se crea al reutilizar varias veces un mismo pergamino. Antes de cada nueva escritura, la superficie de este se raspa para eliminar en la medida de lo posible las marcas anteriores, pero siempre hay algunas que permanecen. En los palimpsestos, las inscripciones antiguas no quedan por debajo de la superficie semitranslúcida del presente, sino que emergen a la superficie, incluso mientras la escritura más nueva se va hundiendo. Al igual que el pergamino de un escritor, el terreno no se renueva por superposición, sino por anulación[2].

Del archivo al anarchivo

Allí donde los terrenos se apilan unos sobre otros, el recuerdo se nos presenta en forma de archivo. Los recuerdos más antiguos yacen al fondo y solo es posible acceder a ellos retirando los recuerdos posteriores que el tiempo ha ido depositando encima para extraer lo que encontremos allí y apropiárnoslo como elementos patrimoniales. De este modo, conmemorar el pasado implica deshacer la labor del tiempo. Con el futuro, por el contrario, no se puede hacer otra cosa que proyectarlo en un plano de realidad virtual, como si ya hubiera una nueva capa recubriendo la superficie del presente. Así, para quienes han reclamado la soberanía del presente, conmemorar y proyectar apuntan en direcciones opuestas: respectivamente, hacia un pasado que está abajo y un futuro que está arriba. Pero ¿y si el terreno no se apila estrato sobre estrato, sino que se da la vuelta? Como se muestra en la Figura 3.1, en este caso, «abajo» y «arriba» cobran un significado diferente. En el ciclo que se genera al ir dando vueltas, el debajo está «subiendo» y el encima está «bajando». Lo que está arriba ya no está por encima, en el plano virtual del futuro, sino que está ya camino hacia abajo, hacia el pasado. Y lo que está «abajo» ya no está por debajo, sino que se ha alzado a la superficie correspondiente a la actividad en continuo desarrollo que se dirige al futuro. Ya no está por debajo, sino en camino.

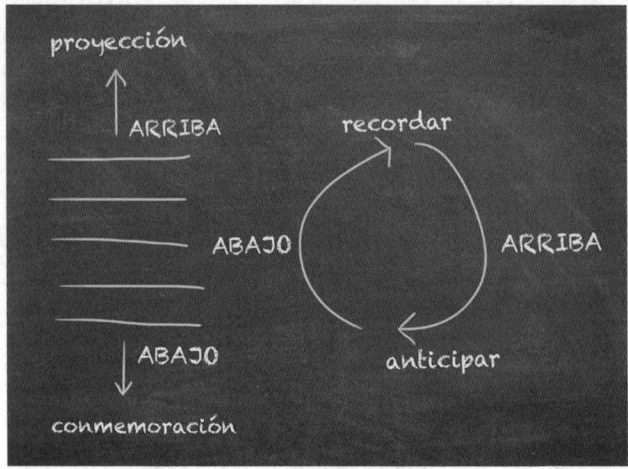

Figura 3.1. Arriba y abajo, con un terreno apilado (izquierda) y un terreno que voltea (derecha)

Tal vez podríamos comparar este dar la vuelta a un terreno con el acto de pasar una página en un libro. A medida que lees, siguiendo las líneas del texto, periódicamente debes darles la vuelta, de manera que la página que estabas leyendo queda hacia abajo, permitiendo que la página que tenía debajo quede hacia arriba. Esta analogía entre el terreno y la página es, ciertamente, tan antigua como el propio invento del libro. La palabra misma, «página», viene del latín *pagus*, que designa una extensión de campo sin habitar, con sus terrenos y sus granjas. De ella se derivan también la palabra inglesa *peasant*, para referirse a alguien que trabaja la tierra, y el vocablo francés *paysage*, para el paisaje al que los esfuerzos de esa persona dan forma. Los escribas de la Edad Media a menudo comparaban su trabajo con pluma y pergamino con el de los campesinos que removían la tierra con el arado. Ya he señalado, en el Capítulo 2, que los motores más icónicos de la modernidad, junto con el reloj, fueron la excavadora y la grúa. En un mundo estratificado, uno puede o bien excavar hacia abajo o bien añadir desde arriba. Pero en un mundo que da vueltas —no a la manera de las revoluciones del reloj, sino como en los ritmos del ciclo agrario— inscribir el terreno es, en sí mismo, un acto de renovación. La herramienta emblemática de un mundo semejante es el arado.

En su libro *Principios de ciencia nueva*, de 1725, el filósofo ilustrado Giambattista Vico especulaba que las raíces de la palabra «humano» podrían hallarse en la palabra latina *humando*, que designaba los ritos fúnebres del enterramiento. En este sentido, los seres humanos pertenecerían, por su origen y por su destino, a la tierra (*humus*). Si bien la mayoría de los especialistas considera como invención la etimología de Vico, hay al menos algo de verdad en la idea, enunciada por el estudioso de la literatura Robert Pogue Harrison, de que «ser humano significa, sobre todo, enterrar», o sentar lo que Harrison denomina las bases «húmicas» para la vida: un sustrato que «alberga en su elemento preservador la historia inconclusa de todo lo que ha llegado a ocurrir»[3]. Si bien con un enterramiento se pasa la página de una vida, esto no supone el fin de la historia, cuyo desarrollo es tarea de las generaciones siguientes, sobre todo en lo que se refiere al trabajo de engendrar y ser engendrados. El acto de rememorar, en este caso, no deshace, sino que se suma a la labor del tiempo —del clima y del paso de las estaciones— para traer a la superficie las costumbres antiguas, para que los vivos puedan seguirlas al adentrarse en el futuro. Constituye, en resumen, un proceso de desenterramiento.

Al hablar de desenterrar me refiero al acto opuesto a excavar. Excavar supone vaciar los contenidos ya depositados de un pasado —literalmente, dejarlo hueco—. Es lo que hacen los arqueólogos al abrir la tierra atravesando los varios estratos de ocupación de un sitio, buscando estratos cada vez más profundos. Para ellos, la tierra es un archivo que alberga en sus sedimentos un registro de las generaciones pasadas, y su objetivo es reconstruir ese archivo extrayendo sus secretos ocultos. Uno de estos secretos son los cuerpos de quienes murieron hace mucho tiempo. La tumba, desde esta perspectiva arqueológica, es un lugar de depósito: depósito, de hecho, por partida doble, puesto que los cuerpos que ya fueron enterrados al morir se habrán hundido aun más profundamente a medida que los terrenos correspondientes a épocas más antiguas se hayan ido sumergiendo a su vez bajo los sucesivos estratos de sedimentación histórica. Sin embargo, un depósito que se hunde cada vez más profundamente bajo la superficie con el paso del tiempo no contiene ningún potencial de regeneración. El depósito constituye, pues, la antítesis misma del enterramiento, cuyo propósito es establecer una base húmica para la vida que continúa, de la misma manera en que las raíces o los tubérculos enterrados bajo tierra contienen la promesa del crecimiento de nueva vegetación. En resumidas cuentas, mientras que el depósito permite ser excavado, el enterramiento es requisito para desenterrar[4].

Un terreno que se da la vuelta es, por tanto, el opuesto del archivo. Constituye lo que, tomando prestado el concepto de la filósofa Erin Manning, podemos llamar un «anarchivo». Mientras que los contenidos del archivo son inertes y han gastado ya su potencial, «el anarchivo», escribe Manning, «quiere activar, orientar. O, mejor dicho, está siempre activando, orientando»[5]. El paisaje como anarchivo es una profusión de raíces y estolones subterráneos, que constantemente brotan a la superficie en forma de vida nueva. Es así como la arquitecta Hong Wan Chan describe el paisaje de Nanhai, parte del delta del río Perla en el sur de China, que ella, por su historia familiar, conoce íntimamente. Antaño un entramado de pueblos, campos, caminos y tumbas, se encuentra ahora profundamente urbanizado. La familia de Chan poseía una loma, situada cerca de su pueblo natal, que había servido como lugar de enterramiento para todo el linaje hasta que, a principios de los años 2000, fue aplanada para permitir la construcción de una autopista, por lo que las tumbas tuvieron que trasladarse a un cementerio oficial. En el cementerio, netamente ordenado por los planificadores de la Generación Ahora, los ancestros quedan archivados y su poder húmico para activar el paisaje, truncado para crear una *tabula rasa* que permita el desarrollo urbanístico[6].

El anhelo

No menos exuberantes en su carácter de anarchivo, pero igualmente vulnerables ante la posibilidad de ser nivelados, pasamos a los bosques tropicales de Malasia peninsular. Sus pobladores indígenas, los batek, han vivido tradicionalmente como cazadores y recolectores. Aunque muchos de ellos aún mantienen este modo de vida, la tala comercial en la región ha hecho que su existencia se vuelva cada vez más precaria. No obstante, para los batek, el bosque es más que un almacén de provisiones. Es un entorno vital rebosante de recuerdos: de lugares donde han cazado o pescado o recogido ratán, o donde se han encontrado con esta persona o aquella, o donde viven sus parientes. Al vagabundear por el bosque, como acostumbran a hacer los batek, estos recuerdos afloran continuamente a la superficie, y ellos los relatan a través de sus historias. A veces, sin embargo, el sujeto de la historia está inalcanzable, especialmente cuando un lugar evoca el recuerdo de un difunto. Los batek tienen una palabra, *haʔip,* para el sentimiento que aflora en tales ocasiones. Tuck Po Lye, en su estudio sobre las costumbres de los batek, traduce esta palabra como «anhelo». Uno puede anhelar un lugar lejano, a un ser amado o a un antepasado fallecido. Lye recuerda cómo un hombre le señaló un sendero en el bosque. «Antes los ancianos solían caminar por aquí», le dijo.

«Así, cuando la gente *haʔip* a sus antepasados difuntos, vuelve a este sendero»[7].

Para los batek, recorrer un determinado camino vital significa también recordar a los que ya han pasado. Los senderos de sus predecesores, que ahora desaparecen bajo el follaje, son los más cercanos a la superficie, y prestando atención, uno puede caminar siguiendo los pasos de sus mayores, sabiendo, no obstante, que estos, al igual que los extremos del arco iris, estarán siempre más allá del horizonte. Esto es lo que significa observar una tradición. Es un proceso de anhelar, pero también, en su repercusión sobre quien anhela, se convierte en un proceso de pertenecer. De la misma manera, los integrantes de la generación siguiente llegan, siguiendo a sus mayores, a ser las personas que son. No puede haber un llegar a ser sin un llegar; no puede haber pertenencia sin anhelo*. Llegar y anhelar, o viajar y recordar, son dos aspectos de un solo movimiento fundamental. Cabe remarcar pues que aquí ambos procesos no apuntan en direcciones opuestas —hacia el futuro y el pasado, respectivamente— sino en una misma dirección. Los ancestros a los que seguimos van siempre por delante, siempre más allá de nuestra capacidad de comprensión. No podemos aprehenderlos en un sentido físico, ni a través de las categorías del pensamiento. Nunca lograremos alcanzarlos y aun menos superarlos. Por eso los anhelamos.

A nosotros, los modernos, acostumbrados a sumergir el pasado bajo el presente y a instaurar por encima el futuro, esta conclusión podría parecernos extraña. Es difícil dejar

---

* Esto último es particularmente claro en inglés, donde los términos son, respectivamente, *belonging* (pertenecer) y *longing* (anhelar) *(N. de la T.)*.

de lado la premisa de que el recuerdo tiene un carácter necesariamente retrospectivo. ¿Cómo puedes proyectarte hacia el futuro y mirar hacia el pasado al mismo tiempo?, preguntamos. ¿No haría falta un auténtico Jano, con dos caras mirando simultáneamente hacia delante y hacia atrás, para lograr semejante proeza? Pero no nos olvidemos del Ángel de la Historia que, volviendo la espalda a la acumulación de escombros que va dejando a su paso el progreso histórico, anhela un tiempo en el que, una vez más, veamos el futuro extenderse a lo lejos, siguiendo los caminos de nuestros ancestros, y en el que cada momento del presente no sea sino el pasado de ese futuro. Este no es el tiempo diacrónico que organiza las generaciones históricas en una sucesión, unas encima de otras. Por el contrario, es un tiempo que pertenece por naturaleza al incesante llegar a ser del mundo. «*Allí donde hay algo vivo*», escribió el filósofo Bergson, cargando de énfasis sus palabras, «*existe, abierto en algún lugar, un registro en el que el tiempo se está inscribiendo*»[8]. Se trata del registro del anhelo, que se prolonga sin que haya final.

Una noche, Lye se mantuvo despierta hasta altas horas para escuchar la historia del viaje que otro de sus ancianos compañeros batek había emprendido para visitar a su nieto, que había estado enfermo. Conforme iba avanzando, el abuelo anhelaba constantemente ver al pequeño, que, en su mente, permanecía siempre ante él. «Y caminé, caminé, caminé, pensé. Pensé, pensé, pensé en mi mente, caminé. Caminé caminé caminé, pensé, pensé»[9]. Si en efecto llegó a alcanzar su destino, esa parte de la historia nunca llega. Esto se debe a que el anhelo no va de un punto de partida a un punto de destino. Se prolonga a lo largo de un eje diferente, de perdurabilidad; no busca conjurar la llegada de un determinado futuro ni hacer retornar el pasado mediante el deseo, sino alinear el cuidado y la atención con la extensión temporal de la vida. Así, anhelar no es un acto ni utópico ni nostálgico. No concede una liberación final hacia la luz, como en las fantasías utópicas de un mundo perfecto, pero tampoco ansía tornar a un pasado que es ya irrecuperable, sus marcas desaparecidas al inscribirse encima las del presente. La nostalgia es para quienes desearían re-presentar a modo de desfile histórico un pasado ya consagrado como patrimonio. Gentes como los batek, para quienes la memoria aparece en todas partes, en un paisaje lleno de historias, no la necesitan.

Así pues, el anhelo no conduce desde un pasado oscuro y subterráneo hacia la brillante luz del futuro, sino que va tanteando su camino por una zona crepuscular en la que no se distingue un final. Revela mucho de la actitud de la Generación Ahora que su única forma de dar cabida al registro del anhelo sea aplanándolo. Los cazadores-recolectores indígenas, como los batek, desprovistos de objetivos a futuro y sin un archivo del pasado, quedan, supuestamente, atrapados en un bucle temporal de tradicionalismo que impide que asciendan siquiera al primer peldaño de la historia. Se los considera a un mismo tiempo antiguos, ejemplo del estado originario de la humanidad previo a todo progreso, e infantiles en su inocencia como civilización. Hacemos bien en rechazar semejantes afirmaciones como prejuicios etnocéntricos, fruto de una mentalidad colonial. No obstante, el prejuicio está dirigido también, y con igual fuerza, hacia las otras generaciones. Las comparaciones desfavorables entre los pueblos indígenas y los niños o los ancianos reflejan, al mismo tiempo, el desdén de la Generación Ahora hacia los mayores y los jóvenes y su desprecio hacia quienes esta considera «primitivos». ¿Podría una comparación más favorable ayudarnos a traer a un primer plano los poderes anarchivísticos de un paisaje animado, que la Generación Ahora tanto ha menospreciado?

4. Incertidumbre y posibilidad

Romper la maldición

Desde la concepción de la vida como progreso que caracteriza a la Generación Ahora, los nuevos planes se proyectan sobre un futuro imaginado, dejando a sus predecesores relegados al archivo del pasado. Esta postura, aunque fácil de enunciar, es difícil de cambiar. A pesar de que, en la historia de la humanidad, constituye más la excepción que la regla, está tan profundamente engranada en la configuración de la modernidad que para modificarla será necesaria una reorientación absoluta de nuestra forma de abordar la conservación, el desarrollo, la educación y la ciencia. De esto me ocuparé en capítulos posteriores. Por ahora, baste señalar que en todos los ámbitos legislativos y prácticos hay algo de ilusorio en el hecho de asumir que podemos planificar el futuro desde nuestra perspectiva actual, ya que esto implica una proyección en sentido contrario al del fluir de la vida. Esto supone una retención del mismo que solo se deshará al abandonar el proyecto en cuestión y sustituirlo por otro. Al nadar constantemente a contracorriente, luchamos en vano por detener ese flujo. Avanzar siguiendo el hilo de un tiempo que es el pasado del futuro, por el contrario, supone reconocer que siempre nos encontramos por detrás de donde estaremos y de donde otros han estado. Esta, como ya hemos visto, es la postura del Ángel de la Historia.

Tal vez haríamos mejor comparándonos con marineros en alta mar. El marinero distingue entre delante y atrás, entre proa y popa, y avanza abriéndose camino en el océano guiado por las corrientes, los vientos, el sol y la luna, las estrellas y los pájaros marinos. ¿Qué marinero en su sano juicio colocaría la popa hacia el futuro y la proa hacia el pasado? Y sin embargo, eso es precisamente lo que hacemos cada vez que planeamos nuestro futuro. Tras pivotar sobre el presente, seguimos atravesando la vida marcha atrás, escogiendo no ver el futuro que, de lo contrario, quedaría ante nosotros. Mantenemos un estado de negación en lo que a envejecer se refiere, tratando de resistir ese proceso con campañas de juvenilización[1]. Y desde esta perspectiva vuelta hacia atrás, incapaz de ver adónde vamos, los planes y proyectos que desarrollamos se nos presentan plagados de incertidumbre. Ello deriva de nuestra imposibilidad para mirar en ambas direcciones al mismo tiempo. Si tan solo contásemos con una mayor certeza, si tan solo pudiéramos conocer el destino que nos espera, podríamos planificar por adelantado con más confianza, prepararnos, tal vez incluso cambiar las cosas para depurar el futuro de aquellos aspectos que no nos gustan y elegir los que sí. Podríamos someter el futuro a una especie de selección artificial.

No obstante, en este anhelo de certidumbre, tal vez convenga tener cuidado con lo que deseamos, pues si existe en la vida una certeza clara, esta es que todos y cada uno de nosotros moriremos llegado el momento. Incluso los transhumanistas, que fantasean con que la generación a la que pertenecen será la última, se ven obligados a reconocer la finitud de su propia existencia, lo que lleva a sus adeptos más extremos y adinerados a embarcarse en bizarros experimentos para preservarse por criogenización, en la esperanza de que sea posible devolverlos a la vida cuando el problema de la mortalidad por fin esté solucionado. A aquellos integrantes de la Generación Ahora que van desapareciendo, descendiendo hacia el otro lado de la curva de campana una vez pasado su momento de apogeo, probablemente les será más fácil reconciliarse con la idea de que, aunque la muerte le llega a todo el mundo, ellos al menos morirán sabiendo que las generaciones que les sucedan tendrán que afrontar la incertidumbre igual que ellos. Hay esperanza en esto, ya que si bien la certeza augura un callejón sin salida, la incertidumbre abre las puertas al curso de la vida. A fin de cuentas, es una propiedad definitoria de la vida el sobrepasarse siempre a sí misma —que en la vida, que no discurre de principio a fin, de cada final brota un nuevo comienzo—. La vida es, en esencia, exceso.

La maldición de la incertidumbre consiste en presentar este exceso como un déficit. Decir que el futuro es incierto es sugerir que la vida no tiene aún un destino completamente definido, que todavía queda trabajo por hacer para determinar adónde conducirá finalmente. La palabra «incertidumbre» transmite la sensación de algo incompleto, de asuntos por resolver, de no tener aún una medida completa del mundo capaz de otorgarnos total confianza predictiva. Todavía hay huecos en nuestro conocimiento, piezas que nos faltan. Para completar esta imagen, solemos acudir a lo que denominamos «la Ciencia». Por supuesto, no hay que confundirla con lo que hacen realmente los auténticos científicos. En verdad, los científicos serían unos de los primeros en recordarnos que no podemos estar seguros de nada. Por su parte, la Ciencia es un aparato institucional, sustentado en el ritual y la retórica, cuya misma *raison d'être* es justamente compensar el déficit, cerrar el espacio que se abre entre la incertidumbre y la certidumbre para que la vanguardia de la Generación Ahora pueda proyectar su futuro con un cierto grado de confianza. Además, cuando las predicciones de la Ciencia se nos presentan tan grises como es el caso actualmente, esta también puede proponer paliativos para evitar que la catástrofe sea total.

Pero ni siquiera la Ciencia puede conceder la posibilidad de un futuro más allá de los horizontes predictivos del presente. Quizá sea este el motivo por el que, hoy en día, las generaciones más jóvenes tienden a ver el futuro no tanto como una extensión indefinida de paisaje que se pierde en la distancia, sino como una meseta que se cierne sobre ellos. Cuanto más cerca se encuentra, mayor es la tensión, que crece hasta el paroxismo. Ninguna de las generaciones anteriores ha tenido que afrontar la perspectiva del fin de la historia de una forma tan dramática[2]. A quienes están a punto de tomar el relevo de la Generación Ahora, el futuro se les presenta con una certeza excesiva. Por supuesto, están los escépticos que buscan consuelo en la negación, cuestionando la autoridad de la Ciencia y envolviendo las predicciones de esta con un velo de incertidumbre. Además, toda predicción se presenta con su correspondiente estimación de riesgo, lo que deja tanto a quienes sí la creen como a quienes no lo hacen igualmente atrapados en un lenguaje de probabilidades, todo ello, desde un marco de oposición entre posibilidad y necesidad donde no tiene cabida el impulso creativo de una vida que no cesa de excederse a sí misma. Mirándolo desde el exceso, sin embargo, lo que el modelo deficitario presenta como incertidumbre adopta un carácter bastante diferente. La incertidumbre reaparece ahora como posibilidad. En lugar de cerrar la grieta de la incertidumbre, la posibilidad emerge justamente a través de ella[3].

Hacer en el experimentar

Entonces, ¿qué habría que hacer para afrontar el futuro como un ámbito de posibilidad, y no de incertidumbre? A los jóvenes de hoy en día, con toda la vida por delante, a menudo se les anima a pensar en su trayectoria vital como un proceso de «realización de su potencial», esto es, un movimiento de cierre progresivo, en el cual todos los caminos posibles se van reduciendo paulatinamente hasta quedar finalmente el único escogido —que llega a su conclusión definitiva con el fin de la vida—. Según el antropólogo Clifford Geertz, en un planteamiento considerado ya clásico, «a fin de cuentas, uno de los hechos más significativos en relación con nuestra especie podría ser que todos partimos naturalmente equipados para vivir mil tipos de vidas distintas, pero acabamos viviendo una sola»[4]. Una vez realizado su potencial, uno ya no tiene adónde ir. Ya está; la vida ha concluido. Pero ¿y si en lugar de dirigirnos hacia destinos planeados continuáramos avanzando desde lugares ya alcanzados, siguiendo un camino de renovación que no tiene final? ¿Y qué pasaría si, al hacerlo, pudiéramos seguir recargando continuamente nuestro potencial? ¿Podría ser esto a lo que se referían los pintupi, un pueblo aborigen del oeste de Australia, cuando le dijeron al etnógrafo que los estudiaba, Fred Myers, que la vida es una «cosa uniposible»[5]?

Para los pintupi, la vida está demarcada por los límites de la tierra en la que viven, una tierra que fue creada con el desplazamiento de los seres ancestrales en la era de formación que llaman el Sueño. Esta era no pertenece al pasado, tal y como lo entendemos en el mundo moderno, ni está proyectada hacia el futuro. Su temporalidad es, más bien, la de la propia existencia, un «en todo momento», a partir del cual todos los seres vivos cobran existencia durante el período de tiempo que les ha sido asignado. El Sueño es pura posibilidad. Así, toda criatura existente, como encarnación del poder ancestral del cual toma su fuerza vital, se encuentra, *de facto*, inmersa en un momento eterno en el que el mundo es constantemente creado. Y adonde los ancestros han marcado el camino es seguro que la vida les seguirá. Esta es la Ley. Lejos de contener la vida con una tapa, la Ley sienta las condiciones en las que sustentar su perpetua renovación, dándole un sentido de dirección anarchivista. «Tenemos que sentarnos al costado de esa Ley», dicen los hombres, «como todos los muertos que vinieron antes que nosotros»[6]. Los muertos están siempre por delante, pero siempre presentes y activos en el paisaje. Es a los vivos a quienes corresponde seguir sus pasos. Los pintupi no dejan de anhelar a sus ancestros[7].

Este movimiento, sin embargo, no va de un punto de partida a un punto de destino; siempre sigue avanzando. A ojos de los pintupi, la vida es una cosa uniposible porque la posibilidad no puede ser sino una. Para ellos, la idea de que inicialmente la gente pueda tener muchas posibilidades distintas, como si se tratara de un menú de opciones entre las que escoger, solo para que ese menú se vaya restringiendo a medida que la vida avanza, no tendría ningún sentido. El suyo no es un mundo de oportunidades que ofrece elecciones continuamente. Los únicos que pueden aprovechar oportunidades son aquellos que han llegado al presente y han pivotado sobre él, y que ven en ellas posibilidades de realizarse en el futuro. Cada oportunidad aprovechada es como un dique que detiene momentáneamente, o que incluso trata de revertir, el curso de renovación del mundo. Por eso, este está condenado a quedarse sin fuerzas tarde o temprano. Para quienes siguen el Sueño, sin embargo, el mundo es una fuente de vitalidad inagotable. Cuando vagan por su paisaje desértico, los pintupi no están realizando su potencial, sino recargándolo constantemente. De hecho, pueden volverse mucho más poderosos con el paso de los años. Con todo y con eso, incluso ellos tienen que arriesgarse, por ejemplo, cuando toman decisiones acerca de dónde buscar comida y agua. Su supervivencia depende de que esas decisiones sean las acertadas.

¿Cómo podemos entonces articular mejor los conceptos de oportunidad y posibilidad? Encontramos una posible respuesta en el pragmatismo del filósofo John Dewey[8]. En la vida, reconocía Dewey, hacemos cosas muy diversas. Hacemos primero esto, luego aquello y, mientras vamos haciendo unas cosas y otras, tenemos un cierto grado de certeza en cuanto a las metas que queremos alcanzar. Sí, ¡sabemos lo que hacemos! Cada acción es un acto intencionado, como disparar una flecha hacia un objetivo. Tal vez erremos el tiro, pero aun así nos arriesgaremos. Lo que sí es cierto es que, en todo lo que hacemos, pasamos por una experiencia. Hacerlo nos modifica en cuerpo y mente, puede que incluso nos transforme. El problema, para Dewey, era descubrir la relación entre ambas cosas: entre actuar y pasar por la experiencia[9]. ¿Incluimos el experimentar dentro del hacer, embutido como en un sándwich entre la intención original y su consumación final? ¿Es ese experimentar algo que nos ocurre dentro de la acción? Si ese paso por la experiencia estuviera contenido dentro del hacer —o, también podríamos decir, si la posibilidad estuviera abarcada en la oportunidad— entonces, razonaba Dewey, no podría haber continuidad entre un acto y el siguiente. La vida se fragmentaría en una multitud de episodios inconexos y desperdigados.

Pero en la vida real no sucede así. Al contrario, nuestra experiencia es que lo que experimentamos siempre rebasa lo que hacemos. Gracias a este rebasamiento, lo que hagas ahora incluirá algo de la experiencia de lo que hiciste antes y tendrá continuidad en lo que hagas después. En palabras de Dewey, con cada acción te conviertes «en una persona un poco distinta»[10]. En resumen, el paso por la experiencia consiste precisamente en el exceso por el cual la vida sobrepasa cada uno de los lugares de destino que van quedando a su paso. Probemos a describir cada oportunidad que aprovechamos, como se muestra en la Figura 4.1, como una conexión horizontal entre una intención (I) y un objetivo (O). La vida que pasa por la experiencia sigue avanzando, pero

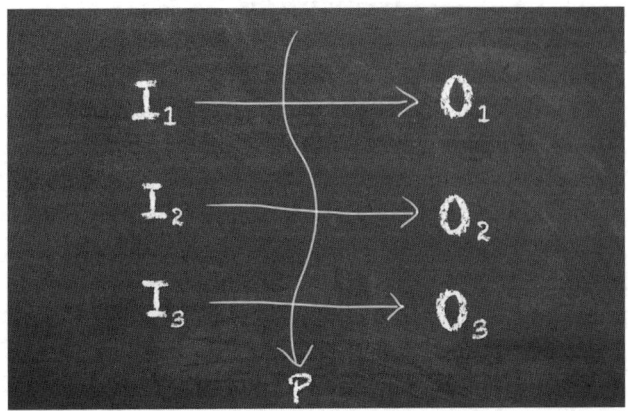

Figura 4.1. Oportunidad y posibilidad

en dirección ortogonal respecto a estos lazos horizontales. En la figura, ello queda representado mediante la línea ondulante (P). P representa aquí la posibilidad. La oportunidad corta transversalmente, pero la vida, en tanto que una «cosa uniposible», es longitudinal. Una vida que se abre camino a lo largo de esta línea no deja de sobrepasarse a sí misma, dando paso no a las consecuencias objetivas —ya que estas no son sino desechos que van quedando por el camino— sino a nuevas posibilidades para sí misma y también para todas las demás vidas con las que se entremezcla, incluyendo, como veremos, su descendencia generacional.

La estructura de la atención

Un hecho crucial es que, si bien cada asociación transversal representa una línea de intención, el trazo longitudinal de la posibilidad corresponde a una línea de atención. La atención, a su vez, tiene dos caras: exposición y sintonía. El concepto de sintonía viene del enfoque ecológico de la percepción propuesto por el psicólogo James Gibson[11]. Para Gibson, la percepción consiste en tomar conciencia de aquellas cosas en nuestro entorno que pueden resultar una ayuda o un obstáculo a la hora de desarrollar nuestras actividades. En resumidas cuentas, se trata de recoger información que nos permita saber qué implican esas cosas para nosotros. Esto es una habilidad que se puede aprender. «Uno puede seguir aprendiendo a percibir constantemente», escribe Gibson, «durante tanto tiempo como dure la propia vida». En la práctica de una disciplina artesanal, por ejemplo, la maestría radica en adquirir sensibilidad frente a variaciones sutiles en el material que un principiante podría pasar por alto. El carpintero se fija en la veta de la madera; el herrero, en la ductilidad del hierro. El sistema perceptivo de un artesano habilidoso, en palabras de Gibson, llega a estar «sintonizado con un determinado tipo de información». En este proceso, sin embargo, todo el impulso proviene de la parte que percibe. Es como si las cosas percibidas ya estuvieran allí, dispuestas en el entorno, esperando tan solo la atención del artesano.

Pero ¿y si no están ya dispuestas todas las cosas? Al fin y al cabo, el mundo no está escrito en piedra, sino que es fluido y cambiante. Piensa en las fluctuaciones del tiempo atmosférico, los cielos siempre cambiantes, la sucesión de las mareas, el correr del río, los movimientos de los animales y el crecimiento de las plantas. El perceptor, inmerso en estos flujos, es quien debe esperar al mundo, prestándole atención en el sentido de permanecer con él y cumplir su voluntad. Esto es la atención en su vertiente de exposición. Como explica el filósofo de la educación Jan Masschelein, exposición (del latín *ex-positio*) significa literalmente ser sacado de una posición. Poner atención o estar atento, escribe Masschelein, «significa exponerse»[12]. En este estado, uno ya no puede dar nada por sentado. La sensación de entender —de tener suelo firme bajo los pies— se tambalea, dejándolo a uno vulnerable y en un elevado estado de alerta, con ojos atónitos que se abren como platos en lugar de entrecerrarse para enfocar un objetivo preciso. Para Masschelein, es justamente en estos momentos de exposición en los que se produce la educación[13]. Se trata de experimentar más que de entender. Con ello se arranca esa pátina de certidumbre que proporciona una ilusión de comodidad y seguridad y se abre la puerta a la posibilidad en estado puro.

No obstante, si la atención tiene dos caras —exposición y sintonía, esperar al mundo y sintonizarse con un mundo que espera—, ¿cuál es la relación entre ellas? Ciertamente, embarcarse en cualquier actividad implica poner en riesgo la propia existencia. El camino más seguro sería quedarnos quietos. Pero nadie puede vivir así. Para vivir tenemos que ponernos en movimiento, empujar la barca hacia las corrientes de un mundo que se está formando. Así, toda experiencia comienza en la exposición. Conforme avanza, no obstante, empiezan a entrar en juego las habilidades de percepción y acción, fruto de la práctica y la experiencia. Esto puede observarse en la más universal de todas las actividades humanas: a saber, la marcha bípeda. Cada paso conlleva un momento de peligro. Al dejar caer el peso hacia delante sobre el apoyo de un solo pie, te inclinas sobre el vacío, solo para recuperar el equilibrio cuando el otro pie se apoya a su vez en el suelo más adelante. Aquí, la habilidad física en el juego de pies acude a socorrernos en el momento justo. El proceso comienza en la vulnerabilidad de la exposición, que da paso a la maestría de la sintonía, lo cual a su vez permite que el caminante vuelva a entregarse al peligro de exponerse, en una alternancia que puede prolongarse hasta el infinito.

Esta alternancia es, según creo, indispensable para la vida. Pero la vida, además de uniposible, es unidireccional. Esto significa que es la entrega la que abre el camino y la maestría viene a continuación, nunca al revés[14]. Mientras que la entrega nos adentra en un mundo siempre en formación y nos suelta dejándonos en riesgo de caer, la maestría nos devuelve el control, permitiendo que sigamos avanzando. La primera corresponde a un momento de aspiración; la segunda, a un momento de prensión. En la avanzadilla, una anticipación aspirante tantea el camino, improvisando un pasaje a través de un mundo todavía sin formar, mientras que en la retaguardia avanza una percepción prensil, ya habituada a las costumbres del mundo y con habilidad para observar y responder a las cosas que este depara. A medida que la entrega va dando paso a la maestría; la aspiración, a la prensión; la anticipación, a la percepción, y la exposición, a la sintonía, se llega a un punto de inflexión. Aquí vuelvo a referirme a la filosofía de Erin Manning, para quien esta inflexión no constituye en sí misma un movimiento, sino una variación en la forma en que el movimiento se mueve, alcanzando un cierto punto en el que una apertura tentativa llega a madurar emergiendo de la «grieta en el acontecimiento», generando una clara sensación de dirección[15]. Este momento de inflexión marca el paso del experimentar hacia el hacer, como muestra la Figura 4.2, donde la línea de la posibilidad revela oportunidades definidas y materializables.

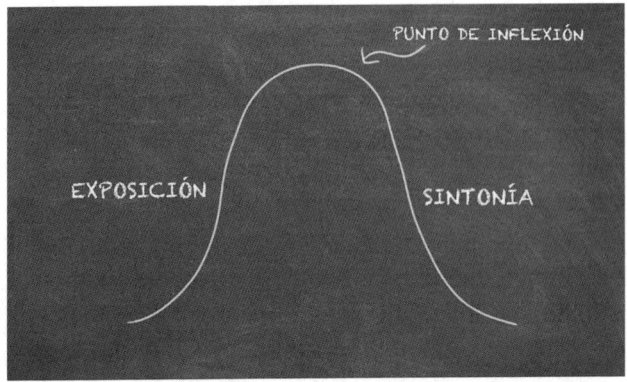

Figura 4.2. La estructura de la atención

En el párrafo anterior he introducido dos términos: «aspiración» y «anticipación», que no han aparecido hasta ahora. Ambos requieren de una breve explicación. Literalmente, aspirar significa tomar aliento. Es un acto de «incorporación» activo e imbuido de vitalidad. Además, tal y como observa Dewey, para incorporar «debemos movilizar energía y proyectarla en una modalidad receptiva»[16]. Con esta movilización y proyección, la aspiración se nutre de las fuerzas que animan el mundo vivo para proyectarlas hacia delante en un camino de atención. Rebosante de potencial todavía indireccionado, de posibilidades, la aspiración anticipa el futuro, pero no lo predice. La predicción, como hemos visto, pertenece a la lógica de la certidumbre y la incertidumbre. Dependiendo del nivel de certidumbre, las cosas pueden predecirse con mayor o menor grado de confianza o juzgarse más o menos probables. La anticipación, por su parte, pertenece al registro de la posibilidad. Es el exceso temporal de una vida que siempre quiere adelantarse a sí misma. Anticipar implica abrir un camino e improvisar un pasaje. Consiste en predecir, más que en proyectar; en ver qué hay en el futuro, más que en fijar un punto final desde el presente; en mirar en la dirección en la que caminas, antes que en fijar la mirada en un destino final.

Sorpresa y asombro

Toda vida se mantiene, pues, en tensión entre la entrega y la maestría, la aspiración y la prensión, la anticipación y la percepción, la exposición y la sintonía. En cada caso, la primera abre camino y la segunda viene detrás. En el papel de liderazgo se sitúa una aspiración que brota de la atención. Lo que sigue es una maniobra dirigida con precisión y hábilmente ejecutada. Lo que es más, en tanto que una cosa uniposible, esta vida comienza en ninguna parte y termina en ninguna parte, pero se prolonga a través de los tiempos —en el «en todo tiempo» de la cosmología aborigen australiana—. Aun así, tenemos la absoluta seguridad de que todos los seres mortales morirán. ¿Cómo puede reconciliarse entonces la infinitud de la vida con la finitud de los ciclos vitales individuales? Esto nos devuelve a la cuestión de las generaciones. Ya hemos observado que la vida, en tanto que una cosa uniposible, no se vive transversal sino longitudinalmente. Retomando la analogía de la cuerda que antes hemos utilizado, esto permite que las generaciones existan en simultaneidad y forjen el futuro a través de la colaboración. Cada generación, a medida que va engendrando a la siguiente, se inclina hacia su progenie en un gesto de cuidado, incluso de amor. Sin duda es en este gesto donde radica la verdadera posibilidad de la vida. Es también el motivo por el que la vida resulta tan asombrosa. Pero, al igual que hemos diferenciado anticipación de predicción, debemos distinguir el asombro de la sorpresa.

El acto de predecir descansa en la presunción de que se le pueden pedir cuentas al mundo. Este es el *modus operandi* de la ciencia, y está lleno de sorpresas. Los científicos se sorprenden cuando sus predicciones resultan erróneas. Sin embargo, aprecian lo inesperado, ya que esto demuestra que están ocurriendo cosas y que el progreso está en marcha. Según el procedimiento de conjetura y refutación que la ciencia debe a la filosofía de Karl Popper[17], el avance en cualquier campo de investigación consiste en un registro acumulativo de errores de predicción. Cualquier conjetura implica detener provisionalmente ese avance. A esto le sigue inevitablemente una refutación, en el momento en que dicha conjetura choca con un mundo que evoluciona en dirección contraria. Esto es justamente lo opuesto del anhelo. Como ya mencionamos, las cosas que anhelamos permanecen siempre fuera de nuestro alcance. De este modo, el camino del anhelo es un camino que va más allá: literalmente, un «método» (palabra que proviene del griego clásico *meta*, «más allá», y *hodos*, «camino»). La ciencia, por el contrario, prefiere abordar sus objetivos de forma directa. No solo busca alcanzarlos, sino también aprehenderlos mediante las categorías del pensamiento. Para ello se sirve de protocolos diseñados expresamente para inmunizar al investigador frente a cualquier contacto afectivo con los fenómenos que investiga. No se trata ya de un método, sino de una metodología.

Por otra parte, si bien la incertidumbre genera sorpresa, la posibilidad es la que da lugar al asombro. Quienes anhelan a las personas y las cosas que cautivan su atención —entre ellos, muchos de los denominados pueblos indígenas, así como la mayoría de los niños cuyas mentes aún no se han visto sometidas por la opresión disciplinaria de los adultos, y como las personas mayores que han logrado liberarse de su yugo— están en un perpetuo estado de asombro, pero nunca se sorprenden. No son tan arrogantes como para pensar que el mundo sea predecible, ni siquiera en teoría, o que se le puedan pedir cuentas. Su apertura —o exposición— los vuelve más vulnerables, pero también les proporciona fuerza, resiliencia y sabiduría. Les permite mantener un estado de receptividad. Una atención asombrada es una atención que se mueve acompasada con y en respuesta a los movimientos de las cosas. Nos permite estar en correspondencia con ellas. Con esto me refiero a un proceso por el cual los seres o las cosas literalmente se responden unos a otros a medida que van avanzando conjuntamente, mirando en la misma dirección —por ejemplo, al intercambiar cartas o palabras al conversar, o al hacerse regalos, o incluso al darse las manos[18]—. Correspondencia, en este sentido, se refiere a un juntarse *con*, más que un juntarse *para*. Así es justamente como las generaciones que se hallan entrelazadas avanzan conjuntamente: se corresponden.

Hace poco escuché en la radio a un famoso astronauta. Se mostraba entusiasmado ante los planes de establecer, en la superficie lunar, una estación operada por humanos, lo cual constituiría un paso intermedio para posteriormente llevar a cabo expediciones a Marte y después..., ¿quién sabe? En su opinión, abrir caminos hacia fronteras cada vez más lejanas es «lo que hacen los seres humanos». El astronauta deseaba inspirar a las generaciones futuras, despertar su entusiasmo ante la inmensidad de las oportunidades que aguardan a la humanidad en su conquista del espacio. Sin duda las opiniones que expresaba eran sinceras. A mí, por mi parte, me recordaron un acontecimiento de mi infancia. Yo debía de tener entonces unos ocho o nueve años y estaba volviendo a casa del colegio por un camino bien conocido, con arbustos a un lado y campos al otro. Vi, asomando entre los arbustos, un objeto con forma cilíndrica. ¿Sería el cañón de un fusil? Atemorizado, me fui acercando sigilosamente hasta toparme con un caballero anciano y con barba acuclillado entre la hierba. El objeto que había visto era un telescopio. «¿Qué está haciendo?», le pregunté. «Mirando la luna», respondió. ¿Podríamos tomar a este anciano como ejemplo para recuperar el asombro que la ciencia de hoy en día ha aplastado con las pesadas botas de la ambición astronáutica?

La ciencia tiene como misión alcanzar otros planetas, y lanzará tantos cohetes como hagan falta para lograrlo. La intención del anciano, sin embargo, era completamente distinta. Al final, su instrumento resultó no ser un arma de fuego. Su observación no consistía en disparar una línea hacia el espacio, con su ojo de un lado y la luna del otro, sino en unir en tiempo real el arco de su atención con el brillo de la luna. Como podemos ver en la Figura 4.3, este arco sigue una trayectoria perpendicular a la línea que conecta la luna y el ojo. Es un arco de anhelo. Así pues, ¿debería ser nuestra aspiración alcanzar la luna o anhelarla? Representante honorífico de la Generación Ahora, el astronauta contempla el espacio exterior como un proyecto inacabado e insta

Figura 4.3. El ojo, la luna y el arco del anhelo

a los jóvenes a sumarse a la empresa. Pero yo, cuando el anciano me permitió amablemente mirar por el telescopio, experimenté un sentimiento de posibilidad inolvidable. «Despojado de conocimiento ante los cielos de mi vida», escribió el poeta Rainer Maria Rilke, «permanezco asombrado [...] ya no anhelaré relaciones más cercanas»[19]. ¿Tal vez me crucé con un doble de Rilke aquel día a la vuelta del colegio?

5. Pérdida y extinción

El catálogo de las especies

El planeta está en alerta roja. La Ciencia advierte que una sexta extinción masiva no solo es inminente, sino que ya se está produciendo. Ciertamente, el hecho de que las especies se extingan no tiene nada de extraordinario; es la suerte que ha corrido la aplastante mayoría de las especies que han existido a lo largo de los tiempos. Lo que distingue una extinción masiva es la cantidad y la diversidad de especies que desaparecen en un lapso de tiempo comparativamente pequeño. Las extinciones masivas anteriores, que tuvieron lugar hace unos 447, 378, 252, 199 y 66 millones de años, han sido atribuidas a diversas causas, como cambios en el clima, la actividad volcánica o colisiones de asteroides. La biota del planeta, si bien quedó profundamente afectada, no tuvo parte alguna en causarlas. La sexta extinción, sin embargo, constituye un acontecimiento singular, ya que ha

sido causada mayormente por la actividad no ya de organismos vivos, sino de una sola especie entre ellos. Cuándo
comenzó exactamente la extinción es objeto de abundante
debate. No obstante, de lo que no hay duda es de que el es-
pasmo que atraviesa el planeta en la actualidad es de origen
reciente y puede atribuirse a la sobreexplotación directa que
el ser humano ejerce sobre otras especies, a la destrucción violenta de los hábitats de estas, a la consecuente liberación de
nuevos patógenos y, sobre todo, a los cambios en el clima
generados por la quema de combustibles fósiles a escala industrial.

No pretendo aquí cuestionar la Ciencia ni restar dimen-
sión a la amenaza que esta sexta extinción supone para la
vida en la Tierra. Un planeta que contase con tan solo una
cuarta parte de los aproximadamente ocho millones de especies que existen sobre la Tierra a día de hoy —tal y como,
según afirman algunos estudios, podría llegar a suceder a lo
largo de los tres próximos siglos— no sería sino una sombra
del planeta que actualmente habitamos. Si la comparamos
con la tasa normal de extinción de fondo, en torno a una
especie por millón al año, encontramos que la tasa de extinción actual es varios cientos o incluso miles de veces más
elevada. Con todo y con eso, mi argumento aquí es que el
hecho de medir el florecer de la vida —o, por el contrario,
su declive— contando el número de especies que se han des-
cubierto o que han desaparecido revela una actitud hacia el
mundo natural, característica de la Generación Ahora, que
difícilmente favorece una coexistencia sostenida entre los seres humanos y otras formas de vida. Esto se debe a que, al
reclamar como suyo el presente, la Generación Ahora no
solo ha dado la espalda a sus predecesores humanos, sino

también a las generaciones de otros seres junto a quienes —o junto a los cuales— estos solían desarrollar sus vidas. Como resultado de este giro sobre el presente, la naturaleza se convierte en un archivo del pasado, cuyo único futuro posible pasa por la conservación.

Este enfoque archivista sobre el mundo natural se hace evidente ya al dividirlo por especies. Dejando de lado las numerosas controversias en cuanto al término, baste señalar que para la biología moderna, fruto de la redefinición de la biología tras la revolución darwiniana, la especie es una población de individuos que, sin ser idénticos, se considera que comparten un parecido de familia en virtud de una ascendencia común. La identidad de especie viene dada para cada individuo desde el primer momento. No es algo que desarrolle a lo largo de su vida, ni que pueda llegar a modificarse o desecharse. La identidad de especie está determinada exclusivamente por una selección de atributos copiados de la generación anterior a través de la herencia y que existen con independencia y por adelantado respecto de la vida que ese organismo desarrolle en el mundo: de las cosas que haga, los lugares que habite, las relaciones que forme y la descendencia que engendre. De este modo, la agrupación taxonómica de individuos en una misma especie atendiendo a la presencia de atributos heredables compartidos no nos dice nada acerca de una participación colectiva en cierto modo de vida. En línea con los principios que caracterizan el modelo genealógico, en el cual se sustenta, el pensamiento en términos de especie parte de la base de que la vida de un individuo se agota en un presente episódico, dejando tan solo las especificaciones de sus atributos para la posteridad.

Sin embargo, la vida sigue su curso. En palabras del poeta Alastair Reid, todo está «creciendo, volando, sucediendo», inspirando en quienes lo presencian «el *asombro* de amar»[1]. Por el contrario, el hecho de dividir la biosfera en especies y contabilizarlas implica extraer de las criaturas la fuerza vital que anima a todas ellas, y a partir de la cual se forman. Supone reducir a cada una a un puñado de características, que solo hace falta reconocer e ir tachando de la lista para asignarle a cada individuo su clase correspondiente. A veces, los estudiosos de la naturaleza se sorprenden al toparse con un individuo para el que aún no existe una clase definida, pero ese exceso queda contenido de inmediato, anunciando con orgullo el descubrimiento de una nueva especie. ¡Otro triunfo de la ciencia, otra rendición de la vida! Es como si la totalidad del mundo viviente constituyese un catálogo —también llamado «biodiversidad»— sobre el cual los estudiosos de la naturaleza se hubieran otorgado a sí mismos el papel de curadores. Cada especie es una entrada en el catálogo; cada organismo individual, un espécimen dentro de su clase. En caso de que no puedan encontrarse más especímenes vivos, la ciencia considera la especie extinta. Si consultas la entrada *Raphus cucullatus* (el pájaro dodo) en el catálogo de la naturaleza, este te responderá con un «fuera de *stock*».

Lo que está claro es que no puede producirse una extinción sin algo que extinguir, sin una chispa de vitalidad que apagar. ¿Dónde radica entonces esa chispa dentro de una especie determinada? El propio acto de catalogar una criatura e introducirla en el archivo de las especies conlleva ahogar su fuerza vital. Supone extraer de ella la vida. Así, en su división del mundo, la ciencia de la biodiversidad opera como una máquina de extinción que, a cada paso, trabaja por suprimir el poder anarchivista de la naturaleza para hacer surgir, para engendrar. ¿Acaso no es de este mismo poder de donde toma su nombre la naturaleza? La palabra proviene del latín *natus* «nacer». En su poema en prosa *De rerum natura*, el autor romano Lucrecio se dirigía a la naturaleza, significativamente, con género femenino, como «la creadora de las cosas» (*rerum natura creatrix*)[2]. Era la engendradora, la desenterradora. La paradoja es que, al darse la vuelta una vez alcanzado el presente, la Generación Ahora ha convertido una naturaleza que en su día se encontraba delante de nosotros, haciendo nacer vida nueva continuamente, en una naturaleza situada a nuestras espaldas, que debe preservarse como patrimonio. Esto implica despojar a la naturaleza de la promesa misma de natalidad en la que radica su verdadera esencia. Podemos lamentar la pérdida de especies, pero la vida ya se ha perdido, extinguida por la propia Ciencia[3].

Linajes de engendramiento

¿Puede existir entonces tal cosa como la «vida de una especie»? Si se da crédito a la argumentación que he desarrollado en los párrafos anteriores, habría que concluir que no. Como hemos visto, la lógica misma del modelo genealógico, que plantea las especies como los objetos del cambio evolutivo, anula también la posibilidad de cualquier manifestación vital que vaya más allá de la duración generacional de la ontogénesis individual. En un ensayo de 1951, George Gaylord Simpson —uno de los principales arquitectos de la síntesis moderna de la biología evolutiva— definió las especies de la siguiente manera: «un linaje evolutivo (una secuencia de ancestros y descendientes compuesta de poblaciones que se reproducen entre sí) que se desarrolla con independencia de otros, con un rol y tendencias evolutivos característicos y unitarios»[4]. Simpson era paleontólogo de profesión, y era en el museo de historia natural donde se sentía como en casa. Podemos imaginárnoslo trabajando, midiendo meticulosamente sus especímenes de fósiles para alinearlos correctamente en una secuencia de ancestros y descendientes atendiendo a variaciones morfológicas supuestamente hereditarias. Lo vemos elaborando el árbol filogenético con sus múltiples ramas, cada una de ellas representando lo que él llama un linaje. La extinción, para él, está al final de una rama. Sin embargo, a diferencia de las ramas de un árbol viviente, las ramas de los diversos linajes no crecen, sino que cada una constituye una cadena de conexiones.

Esta no es la única manera de concebir el funcionamiento de las especies. Existe una alternativa, posiblemente de origen más antiguo, que nos permite eludir las restricciones del modelo genealógico. Al fin y al cabo, la palabra «especie» viene del latín *specĕre*, «mirar, contemplar». Abramos entonces los ojos ante lo que está «creciendo, volando, sucediendo» —para recuperar los versos de Reid— a nuestro alrededor. Cada uno de los seres que observamos no es un ejemplar de una determinada clase de seres vivos, o de seres que vivieron en un momento dado, sino que constituye una manifestación de una cierta forma de estar vivos, de una naturaleza que revela su mano en el trabajo incesante de la creación: *natura naturans*. En este mundo, cada criatura es lo que hace: el pájaro carpintero golpea la madera con su pico, el oso hormiguero come hormigas, el girasol se mueve buscando el sol con su flor. Observando a cualquier criatura, uno es testigo de la actividad que desarrolla. Era este el sentido en el que Karl Marx, en sus *Manuscritos económicos y políticos de 1844*, hablaba de la vida de una especie animal. «Todo el carácter de un animal», afirmaba Marx, «está contenido en el carácter de su actividad vital [...] *Es una vida engendradora de vida*»[5]. En resumidas cuentas, toda especie es una modalidad del proceso de engendrar.

A Marx le preocupaba entender el salto de perspectiva que se opera entre la *vida* y el *ser* de una especie. Con este segundo término, Marx hacía referencia a una forma de estar en el mundo particular a la humanidad —que se posiciona a sí misma por encima y en contra de la naturaleza, dando la espalda a su poder engendrador de vida—, donde las vidas y los trabajos, no solo de los seres humanos y sus predecesores, sino también de todas las demás criaturas, se ven reflejados, en forma de objetos, al modo de un espejo retrovisor. Así reflejada, la actividad productiva del engendramiento se nos aparece como la sucesión de sus productos, que retroceden perdiéndose en el pasado. Esta actitud es justamente lo que conduce a la concepción del linaje como secuencia de ancestros y descendientes, de la cual la definición de especie propuesta por Simpson es un ejemplo emblemático. El linaje del engendramiento, sin embargo, tal y como vimos en el Capítulo 1, pertenece a un orden completamente distinto. Se trata de una vida compuesta de muchas vidas, dispuestas longitudinal en lugar de transversalmente para engendrar y ser engendradas, y que se desarrollan a través de su colaboración en el espacio que juntas ocupan. Estas líneas no se conectan, sino que crecen, ramificándose y echando brotes como las de un árbol vivo. No son líneas de herencia, sino de perdurabilidad. ¿Qué significa entonces la extinción de un linaje de engendramiento, de la vida de una especie?

Mientras la continuidad intergeneracional permanezca garantizada, diferentes especies desarrollarán su vida unas junto a otras, enlazadas en redes a menudo complejas de dependencia mutua y respondiendo constantemente a las variaciones en el comportamiento las unas de las otras. Thom van Dooren, una de las voces pioneras en el campo emergente de los estudios de la extinción, denomina esta clase de vidas de especie «vías de huida»: «líneas de movimiento intergeneracional a través de las profundidades de la historia»[6]. La vida de una especie se extingue cuando, debido a una interrupción más o menos violenta de la labor de engendramiento colectivo, el envejecimiento y la muerte dejan de augurar la posibilidad de renovación. Lo que se pierde no es el último ejemplar de un determinado tipo de seres —al fin y al cabo, es perfectamente posible que existan aún especímenes vivos preservados de manera artificial, en un zoológico, por ejemplo, que sobrevivan a los caminos truncados de sus antepasados—, sino un modo de vida, una tradición, junto con la promesa que esta extiende hacia el futuro no solo para su propia clase, sino también para otras. En el entramado natural que conforman las vidas de las especies, basta con que uno solo de los hilos se quiebre para que todo el entramado comience a descomponerse. Esta descomposición, sin embargo, no constituye un acontecimiento puntual y datable, como la desaparición del último ejemplar de una especie, sino que puede prolongarse largamente en el tiempo.

Pese a todo, ni siquiera los estudios de la extinción han logrado escapar a las garras de la Generación Ahora, tal y como revela esta declaración de intenciones de Van Dooren. Este afirma estar interesado en «cómo heredamos [...] los legados del pasado para configurar los futuros posibles»[7]. La vida de la especie queda de este modo diligentemente relegada al archivo, a partir del cual los integrantes de la Generación Ahora podemos modelar el futuro de nuestros sucesores. Esta actitud, en lugar de seguir los caminos de seres ancestrales —sean estos humanos, no humanos o espirituales—, supone volverles la espalda, convirtiendo sus vidas en un legado que hay que conservar. El camino de huida revela no ser una línea de perdurabilidad, sino de herencia. Para que no nos quede ninguna duda, el modelo de sucesión genealógica de Van Dooren está diseñado explícitamente como una forma de selección natural, que se opera sobre el fondo de variación heredada para configurar nuevas formas de vida. Sin embargo, hay una cosa que la selección natural no hace, y es prolongar los logros de los ancestros a través del trabajo de sus descendientes. Que Van Dooren afirme lo contrario pone de manifiesto cuán resbaladizo es el camino del concepto de engendramiento al de herencia[8]. Se trata de un deslizamiento peligroso, y sus consecuencias pueden ser fatales, como comprobaremos a partir de la trayectoria que ha seguido el concepto de raza.

Raza y generación

«El concepto de raza», nos recuerda el antropólogo Eric Wolf, «ha presidido homicidios y genocidios»[9]. No obstante, solo ha tenido ese rol cuando se ha visto ligado a una determinada concepción de las generaciones humanas. Ciertamente, a lo largo de la historia, los conceptos de raza y generación han ido siempre de la mano. Una teoría llega incluso a proponer una conexión etimológica entre los dos términos, afirmando que «raza» deriva de una abreviación del verbo latino *generare*, «engendrar», el mismo que ha dado también «generación». Ya se trate o no de una etimología acertada —otra teoría rastrea el origen de «raza» hasta el término *haraz* del francés antiguo, que designa un espacio cercado para la cría de sementales, proveniente a su vez del árabe *faras*, «caballo»[10]—, las nociones de raza y generación siempre han estado tan próximas que un cambio en la forma de plantear una de ellas conlleva necesariamente un cambio en la forma de plantear la otra. De este modo, si las generaciones se disponen alineadas de forma longitudinal, cada raza se nos presenta entonces como un linaje de engendramiento, una hebra entre las múltiples texturas del tejido de la vida de la especie. Por el contrario, cuando las generaciones se representan apiladas verticalmente, cada raza aparece como un determinado nivel o estrato de la humanidad, destinada a suplantar a la anterior y a ser a su vez suplantada a medida que un linaje evolutivo basado en los rasgos hereditarios de la especie avanza en su desarrollo.

Los primeros usos de la palabra «raza» llevan aparejados connotaciones de parentesco y de herencia compartida, con énfasis en el prestigio familiar y a menudo teñidas por el lamento ante la perspectiva de una eventual extinción, como en esta frase de la tragedia *El libertino* del dramaturgo Thomas Shadwell, que data de 1676: «Soy el último de toda mi Familia; mi Raza fracasará si yo fracaso»[11]. La generación se convierte en raza, al parecer, en los tiempos difíciles, cuando los hilos de la vida de la especie comienzan a desentrelazarse, haciendo que peligre la continuidad del engendramiento. Pero ¿y si estas mismas dificultades fuesen consideradas como motor del progreso? De este modo, el foco pasa del engendramiento a la herencia, en una historia de reemplazo entre generaciones que interrumpe perpendicularmente el flujo de la vida de la especie, en lugar de avanzar a su vera. «En las incesantes guerras de los salvajes», escribió Charles Darwin en *El origen del hombre*, su intento por aplicar la teoría de la selección natural a la evolución humana, «las tribus exitosas han tomado el lugar de otras tribus», gracias a que contaban entre sus miembros con una proporción mayor de «hombres bien dotados»[12]. El progreso se sigue inevitablemente de esta circunstancia, ya que los triunfadores, bendecidos con un poder intelectual y una fortaleza moral superiores, entregan sus dones, a través de la herencia, a las generaciones posteriores, solo para ser finalmente superados a su vez por la siguiente cohorte tribal.

En este contexto, recurriendo nuevamente a las palabras de Darwin, «la extinción se sigue, principalmente, de la competición de una tribu contra otra, de una raza contra otra»[13]. Aquí, como en otros textos, Darwin utiliza las palabras «tribu» y «raza» de manera intercambiable; por ejemplo, cuando anticipa una época, que no ha de hacerse esperar, en la que «las razas civilizadas del hombre casi con toda certeza exterminarán y reemplazarán a las razas salvajes de todas partes del mundo»[14]. Del mismo modo que cualquier competición tiene ganadores y perdedores, progreso y extinción aparecen en esta teoría como dos caras de la misma moneda. No puede existir una sin la otra. Los poderes coloniales europeos, por su parte, utilizaron la predicción darwiniana como un pretexto para acelerar la exterminación de los pueblos indígenas en las tierras que conquistaban, siempre en nombre del avance de la civilización. En una fecha tan tardía como la década de 1930, Sir Arthur Keith –un distinguido anatomista y, en determinado momento, presidente del Royal Anthropological Institute– identificó en la competición entre razas el motor mismo del progreso evolutivo. La clasificación que Keith hizo de las razas de la humanidad según su color iba del negro hasta el blanco, pasando por el marrón y el amarillo. Mezclar distintos colores, afirmó, solo podía conducir a una mediocridad anodina. Pero, si los colores puros competían, los tonos más claros estaban destinados a ganar, llegando en último término a hacer desaparecer del mundo a sus primos más oscuros[15].

¿Cómo es posible que semejantes ideas hayan sido defendidas por hombres educados y de tan alta reputación? Hoy en día nos resultan al mismo tiempo grotescas y repugnantes; sin embargo, no tenemos motivo para dudar de la sinceridad de quienes las defendían. Con esto lo que me interesa señalar es que tales ideas solo resultan pensables dentro de un paradigma de la historia generacional de la humanidad que relaciona el movimiento de progreso con una especie de mecanismo de trinquete que va empujando hacia delante a las variaciones superiores, al tiempo que condena a las inferiores a ser erradicadas. Según este paradigma, cada una de las generaciones actuales es el escenario de una lucha existencial por prolongarse en el futuro, la cual no puede acabar sino en una derrota eventual, cuando un sucesor tome por la fuerza el nuevo presente. La clase de raciología que abrazaban Darwin, Keith y sus semejantes cobra sentido, de manera estrepitosa, en tanto que una patología de este paradigma. Solo desde que hemos adoptado un planteamiento que concibe el reemplazo generacional como diversos estratos en una pila, cada uno cualitativamente mejor que el anterior, ha llegado el concepto de raza a cargarse de las connotaciones tóxicas que tiene hoy en día. Para la Generación Ahora, esta forma de pensar no solo alimenta la fantasía transhumanista de una victoria final, capaz de desafiar a la muerte, en la lucha por la existencia; también fomenta el miedo, muy extendido entre los defensores del supremacismo blanco, a un inminente «gran reemplazo».

La doctrina del reemplazo racial no está en modo alguno confinada al ámbito de las teorías conspiratorias más estrambóticas. Aun hoy sigue caracterizando la ciencia de la evolución humana, por ejemplo, en la historia que narra cómo los humanos clasificados como neandertales (*Homo sapiens neanderthalensis*) fueron reemplazados por los de la otra subespecie supuestamente superior, «anatómicamente moderna» (*Homo sapiens sapiens*)[16]. En un eco perturbador de esta misma historia, durante mucho tiempo se creyó que los pueblos aborígenes de Tasmania, en su día tachados como los más primitivos de la tierra, habían sido llevados a la extinción por los colonos de piel blanca del siglo XIX. Sin embargo, a día de hoy aún existe en Tasmania una comunidad aborigen populosa y vibrante, donde todos sus miembros cuentan entre sus antepasados no solo a gentes de los pueblos aborígenes, sino también a los cazadores de focas de ascendencia europea que establecieron relaciones con los habitantes indígenas de la isla mucho antes de que llegaran los colonizadores[17]. La historia de la extinción de los tasmanos resulta ser un mito racista. ¿Sería posible, entonces, que en realidad en el Paleolítico las cosas ocurrieran de un modo distinto? Toda la evidencia apunta a que los neandertales se mezclaron con los «humanos modernos» durante unos cincuenta milenios. Los seres humanos actuales no pertenecen a una sola subespecie o raza, como tampoco pertenecían a subespecies separadas en el pasado. Ya se mezclaban entonces, al igual que se siguen mezclando ahora.

Conservación y convivialidad

Podemos afirmar, en resumidas cuentas, que la mezcolanza es el modo de existir de los seres humanos. En la larga duración (la *longue durée*) de la historia, la lucha por la supremacía de un determinado grupo o color sobre el resto siempre ha terminado por dar paso a un improvisar conjunto de nuevas formas de seguir adelante. Cualquier linaje sabe que su mejor esperanza de asegurarse una continuidad radica en encontrar otros linajes con los que formar lazos. No obstante, este proceso de formar lazos también implica diferenciar el linaje de uno frente a los de los demás. No se trata aquí de la clase de diferencia, con la que los teóricos de la evolución están familiarizados, que surge de la recombinación, a través de los niveles de generaciones sucesivas, de partículas de información hereditarias —sean estas genéticas o culturales— ya desgajadas del flujo de la vida. Me refiero, más bien, a la diferencia que emerge a medida que las generaciones humanas, que se entrelazan y que existen en continuo contacto unas con otras, van incorporando constantemente las cualidades y disposiciones de sus coetáneos a sus respectivas composiciones. Esta vida de muchas vidas, que se caracteriza más por su diferencia incontenible que por una diversidad delimitada, reniega de las divisiones que pueda imponerle cualquier taxonomía. Ni siquiera permanece confinada a los seres humanos, pues no solo es el caso que las vidas humanas se desarrollan de la mano de una amplia variedad de manifestaciones de vidas de especie, sino que estas pueden también entrelazarse unas con otras, aun en ausencia de cualquier tipo de actividad humana.

¿Qué puede significar la extinción en un mundo en el que cada ser viviente no existe como un objeto en sí mismo, sino como una madeja de líneas de vida? ¿Tiene sentido siquiera hablar de extinción? Si las vidas no pueden permanecer contenidas, sino que entran y salen de las cosas como hilos que se enredan, entonces nada puede extinguirse realmente a menos que todo se extinga. Pero, para que pueda hacerse el relato de una extinción, es necesario que alguien quede para contar la historia. Ninguna criatura puede narrar su propia extinción. Si los seres humanos desapareciéramos de la faz de la tierra, ¿habría historiadores entre los animales que hablasen de nuestra desaparición? Lo más probable es que siguieran con sus vidas sin que les afectase en absoluto, tal y como hacían antes de la llegada de los humanos. El animal, tal y como Marx se esforzaba en subrayar, «es uno, de forma inmediata, con su actividad vital»[18]. Puede vivir su vida como una historia; podríamos incluso conceder que, al vivir su vida, está contando su historia. Lo que no puede hacer, sin embargo, es diferenciar el vivir y el contar hasta el punto de entretejer las historias de otras vidas en el acto de vivir la suya propia, entrelazándolas a todas en una Historia de muchas historias. Esta capacidad es, ciertamente, una particularidad de los seres humanos.

Si este es el caso, entonces no puede haber historias de extinción sin humanos que las cuenten. Pero esto no quiere decir que el tema de la extinción sea reconocible para todos los contadores de historias humanos. Por el contrario, lo que yo defiendo aquí es que la extinción solo ha emergido como tema de la mano de una cierta inversión de la perspectiva temporal que guarda relación con el auge de la Generación Ahora, y que culmina actualmente en lo que yo llamo el síndrome de Attenborough, en honor al conocido presentador de programas televisivos de historia natural[19]. Estos programas, tremendamente populares, irradian espectaculares imágenes de la vida de especies de todos los rincones del mundo directamente en los salones de un sinnúmero de hogares, mayormente en la zona acomodada del Norte global. Tales imágenes vienen acompañadas del mensaje de que este mundo es un patrimonio común a toda la humanidad y está suplicando nuestra protección. Sin embargo, en la mayor parte de esas imágenes no figuran seres humanos. Solo aparecen en las secciones de contenido adicional que se incluyen al final de cada episodio, en las que vemos a los cineastas sobre el terreno, a menudo en lugares remotos, equipados con su instrumental de alta tecnología. Así, en el mismo paquete que contiene el mensaje de que la naturaleza necesita protección, se introduce aun otro mensaje: que la salvación está en las manos de una élite tecnocientífica de trotamundos. ¡Y cómo los envidiamos!

La idea es que los hijos de la Generación Ahora, encantados por lo que ven en la pantalla, sueñen con llegar a ser ellos mismos científicos y cineastas, mientras los demás nos acomodamos en nuestro papel de espectadores pasivos de un mundo natural que solo existe al modo de una colección que debe conservarse. Lo raro de las especies representadas —su proximidad a la extinción— no hace sino acrecentar nuestro entusiasmo. Sin embargo, la tecnología que lleva estas imágenes a nuestras pantallas es protagonista de una historia distinta: la historia del desarrollo industrial. Encaramada en el fulcro del presente, la Generación Ahora se encuentra con que debe afrontar una elección entre conservación y desarrollo, entre proteger el patrimonio del pasado y planificar un futuro que necesariamente ha de transcenderlo. El problema de hacer sitio para ambos en una superficie global de extensión limitada tiende a enfrentar ambas posturas, y el esfuerzo por hallar una solución domina la agenda de buena parte de la labor legislativa en cuestiones medioambientales dentro del panorama internacional. Muchas veces la solución encontrada consiste en la demarcación estricta de áreas protegidas o «parques», que quedan designados como santuarios para la vida salvaje, libres de interferencia humana con la excepción de la actividad de los responsables de su mantenimiento y los investigadores designados para monitorizar la diversidad de especies y protegerla a modo de legado para las generaciones futuras[20].

Esto casi nunca ha sido bueno para los pobladores indígenas de las tierras afectadas, a quienes a menudo se les ha prohibido mantener su modo de vida tradicional a causa de políticas en cuyo desarrollo no han tenido parte alguna. Para ellos, ni la conservación ni el desarrollo ofrecen ningún tipo de garantía. Más bien, la promesa del futuro radica en establecer relaciones duraderas de convivialidad, de vida en conjunto, que permitan a criaturas de distintas clases seguir sus propios caminos, como hacían sus predecesores, permaneciendo, al mismo tiempo, atentas y receptivas a la disposición de las demás. En las historias que cuentan los pueblos indígenas, la pérdida de una especie no se atribuye a la extinción, sino a una ruptura en las relaciones conviviales, ya sea debido a sus propias faltas o a un impacto externo —no en poca medida, al impacto de la imposición forzosa de políticas de conservación o desarrollo que consideran poco respetuosas para con el modo de vida de las criaturas—. Estas políticas despojan *de facto* a la naturaleza de su natalidad, de su potencial engendrador, y por tanto, de su futuro. Así, la biodiversidad solo puede ser preservada, encerrada en las divisiones del catálogo. No puede haber convivialidad a menos y hasta que nosotros, los integrantes de la Generación Ahora, renunciemos a nuestra pretensión de erigirnos en custodios del presente y reorientemos nuestras propias vidas para posicionarlas en la misma dirección que aquellas que decimos seguir, camino hacia el pasado de un futuro.

6. Re-centrar al *Anthropos*

«Humanar» más allá de la humanidad

En 1989 se publicó, coeditada por el arqueólogo Paul Mellars y el paleoantropólogo Chris Stringer, una compilación
de artículos bajo el título *The Human Revolution*[1]. Este trabajo pretendía hallar el punto de giro, sin precedentes en el
curso de la historia de la vida, en el que nuestros primeros
antepasados dejaron atrás los imperativos naturales que las
otras criaturas están obligadas a obedecer y emprendieron
un camino inagotable de invención, descubrimiento y auto-
conocimiento, también llamado «cultura» o «civilización».
Buscaban los orígenes de lo que acabó conociéndose con el
nombre algo enigmático de «humanos anatómicamente modernos». Ya nos encontramos con estos personajes en el capítulo anterior. De constitución similar a la de los seres humanos de hoy en día y dotados de facultades cognitivas,
lingüísticas y simbólicas equiparables, se les imaginaba, no

obstante, apenas situados en la casilla de salida desde el punto de vista cultural, como si mirasen por primera vez hacia el vasto paisaje histórico que sus habilidades recién descubiertas iban a revelarles. Mientras que las variedades humanas, consideradas «arcaicas», que habían ido apareciendo hasta entonces —entre ellas, los neandertales— permanecieron ancladas en el pasado, limitándose a continuar con el modo de vida que habían seguido hasta la fecha, estos tipos «modernos» cruzaron un umbral ontológico. Ya no eran meramente seres humanos: estaban descubriendo lo que realmente significa el hecho de ser humanos. Eran el futuro.

La idea de que los humanos modernos aparecieron en un viraje súbito frente los caminos de la naturaleza, sin embargo, no fue un descubrimiento de la ciencia del siglo XX. Se trata, de hecho, de un postulado imprescindible para la propia Ciencia. Si bien Mellars, Stringer y sus colegas tenían acceso a un fondo de datos empíricos mucho más extenso que cualquier recurso al que pudieran haber acudido sus predecesores, la revolución que buscaban había sido incorporada ya en los principios fundacionales establecidos, a finales del siglo XVII y a lo largo del XVIII, por los filósofos de la Ilustración, que estaban convencidos de que la razón universal tendría el poder de emancipar a la especie humana de la indigencia terrenal. A su modo de ver, razón y naturaleza apuntaban en direcciones opuestas: la naturaleza, al pasado; la razón, al futuro. Esto, sin embargo, dejaba al ser humano, innegablemente una criatura de carne y hueso, con un pie en cada una de esas categorías, dividido entre el futuro y el pasado, teniendo que equilibrar los frutos de la civilización, incluida la Ciencia, con un legado evolutivo de instintos animales. Con esto, la propia palabra «humano» adoptó una cierta duplicidad, llegando a representar el dilema de una criatura dividida entre dos condiciones, incapaz de decidir a cuál pertenece. ¿Se trata de una especie de la naturaleza o de una condición que transciende lo natural? Al otorgar a la subespecie anatómicamente moderna del ser humano el nombre doblemente compuesto de *Homo sapiens sapiens*, ¿está tratando la ciencia de quedarse con lo mejor de los dos mundos?

Hace apenas algo más de medio siglo, los paleoantropólogos hablaban sin el menor reparo de la vida del «hombre antiguo»[2]. Ciertamente humano por sus orígenes, se consideraba al hombre antiguo tan lejos de poder ser considerado como realmente humano que su forma de existencia apenas parecía alzarse por encima de la de sus parientes entre los primates: los grandes simios. Haría falta un giro de proporciones épicas, tal y como se representa en la Figura 6.1, para

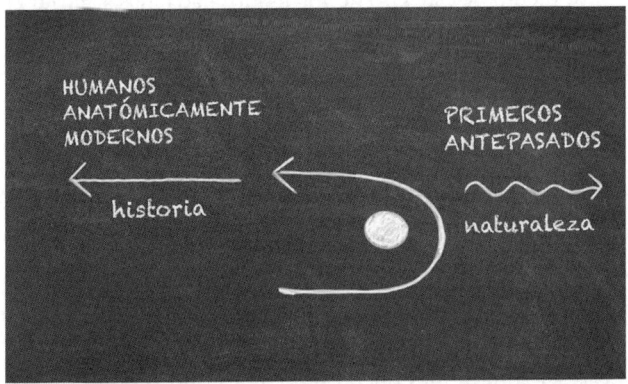

Figura 6.1. El hombre primitivo, los humanos anatómicamente modernos (HAM) y la «revolución humana»

que estos humanos, antiguos pero infantiles, rompieran finalmente con la naturaleza e iniciaran su aventura como seres históricos. Este salto, que se ha conservado como mito fundacional de la modernidad, es revivido, a la escala correspondiente a la duración de una vida, con cada nueva Generación Ahora que alcanza la edad adulta. Es en este punto donde se cortan los hilos de filiación —del engendrar y el ser engendrado—, para reemplazarlos con una noción asertiva de la identidad propia y su poder para cambiar el mundo. Así es como la Generación Ahora reclama para sí el presente. Al igual que sucede con la era del hombre antiguo dentro de la historia de la humanidad, esos «primeros años» pertenecientes a la infancia quedan relegados al pasado; se han acabado. «El pasado es un país extranjero», escribió el novelista L. P. Hartley, abriendo con tales palabras su novela de formación *El mensajero*: «allí las cosas se hacen de otra manera»[3].

Por medio de este giro de 180 grados nada más alcanzar el presente —que deja la naturaleza a la espalda y la civilización, por delante— la Generación Ahora se declara poseedora de aquello que constituye la esencia de la humanidad. Esta pretensión no está basada en la filiación, sino en la aumentación: la aumentación de la naturaleza mediante la razón, del pasado mediante el futuro, de lo antiguo mediante lo nuevo. Comparado con otros seres, el ser humano es siempre «más que» o «no solo». Cada criatura engendrada por hombre y mujer es, por supuesto, humana por ascendencia, pero, a ojos de la Generación Ahora, unas son más humanas que otras: el adulto, más que el niño; el científico o el filósofo, más que el hombre antiguo de la Prehistoria. Los colonizadores europeos utilizaron este mismo argumento para justificar la deportación, la esclavización e incluso el genocidio de los pueblos cuyas tierras conquistaban, tratándolos como seres comparativamente infrahumanos. Para muchos críticos contemporáneos, ciertamente, la «humanidad» ha pasado a ser una palabra tan contaminada por sus asociaciones con el racismo y el colonialismo, tan artera en su aplicación, tan injusta en sus consecuencias, que sería mejor abandonarla enteramente. Un mundo libre de opresión colonial, sostienen estos críticos, debe librarse también de la humanidad y su engreimiento.

Una cosa es decidir que a la humanidad le ha llegado su hora, pero otra muy distinta es decretar lo mismo acerca del ser humano. En tanto que una invención de la Ilustración, la «humanidad» es fruto de un legado del pensamiento europeo de los últimos siglos. No así la palabra «humano». Sus orígenes, aunque oscuros, se remontan, por lo menos, al vocablo *humanus*, del latín clásico, que significa «perteneciente a las personas», por contraposición tanto con los animales como con los dioses. ¡Esto no quiere decir que los antiguos romanos tuvieran un historial inmaculado! De hecho, fueron los imperialistas de su tiempo, y la categoría de personas solía estarles reservada únicamente a los ciudadanos, mientras que sus esclavos humanos eran clasificados en la misma categoría que los animales domésticos. Ciertamente, en su época, igual que en la nuestra, se perpetraron toda clase de abusos —contra los animales, los esclavos y los pueblos colonizados— en nombre de la civilización humana. Pero ninguna palabra se merece ser culpada por los abusos cometidos en su nombre, y no existe ninguna razón a priori por la que no podamos reclamar la palabra «humano» para referirnos al proceso de nuestra vida de especie, del engendrar y el ser engendrado, por medio del cual las generaciones desarrollan el trabajo colectivo de autocreación. ¿Por qué no hacer del sustantivo «humano» un verbo y llamar a este proceso «humanar»[4]? En esta terminología, los humanos no serían más que los seres de otras clases. Por el contrario, al humanar, siempre serían más que ellos mismos.

La acusación de excepcionalismo

Esta no es una idea novedosa. De hecho, antecede en unos cuatro siglos a la Ilustración. En su *Logica nova* de 1303, el místico mallorquín Ramón Llull definió al ser humano en los términos siguientes: *Homo est animal homificans*, «El ser humano es un animal humanificante»[5]. Humanificar, en la filosofía de Llull, no significa humanizar el mundo —como podría interpretar la Generación Ahora— imponiendo un diseño preconcebido del futuro a los decretos de la naturaleza. Alude, más bien, a que los humanos dan forma a su existencia desde el crisol de su vida en común. Así pues, la cualidad de lo humano no es algo que venga dado desde un principio ni que pueda llegar a completarse en ningún momento, sino que emerge como un logro productivo que las generaciones, al entrelazarse a la manera de la cuerda, deben esforzarse constantemente por lograr a lo largo de toda la duración de sus vidas. En esto, por supuesto, no se diferencian de las demás criaturas. También estas existen y persisten —o, mejor dicho, perduran— en el proceso de crearse a sí mismas y unas a otras. Fue esta la conclusión a la que llegó el filósofo Alfred North Whitehead en las conferencias de 1926 recogidas en *Religion in the Making*. La creatividad y la creación no existen como dos cosas separadas. «Solo existe una única entidad», declaró Whitehead, «la criatura que se crea a sí misma»[6]. No hay, pues, ni sujetos ni objetos, sino solamente verbos.

La acusación que con más frecuencia se moviliza contra la reivindicación de la cualidad de humanidad es la del «excepcionalismo». Este deriva, según la parte demandante, de la costumbre de plantear siempre a los seres humanos como mejores y superiores a cualquier otra forma de vida, colocándolos en la cúspide de una pirámide con el resto del mundo a sus pies. Habiendo declarado a la humanidad culpable de todos los cargos, la acusación exige que se cambien las tornas, que se coloque a los seres humanos en la base y todo lo demás por encima. Uno de los efectos de esta inversión ha sido hacer que todos esos seres que antes eran llamados «no humanos» pasen a ser referidos como «más que humanos». Este es un paso en la dirección correcta. Hablar de seres no humanos no ayuda a contrarrestar un excepcionalismo tóxico, sino que más bien lo reafirma al borrar todas aquellas diferencias que hacen a los seres ser lo que son a fuerza de amontonarlas dentro del saco de lo que no son. Nada distingue entonces al pájaro carpintero del oso hormiguero o del girasol; en no ser humanos, todos ellos se convierten en la misma cosa, sujetos por igual a los caprichos de los seres humanos. Por contra, la noción de «más que humanos» invierte el orden de precedencia. En lugar de hacernos a nosotros, los humanos, más que ellos, ahora son ellos los que están por encima de nosotros. La frontera de la naturaleza, superada tan solo por los humanos, se ve sustituida por una frontera humana, superada por todas las demás categorías de seres.

Que el mundo que habitamos es el hogar de más seres que los humanos resulta obvio para cualquiera que haya obtenido su sustento de las tierras y las aguas, aunque parezca difícil de creer a juzgar por las afirmaciones de los filósofos —que, a grandes rasgos, abrazan la ideología de lo que ha venido a conocerse con el nombre de «posthumanismo»—, quienes no han hecho más que repetir el discurso del descubrimiento del «mundo de lo más que humano» como si se tratara de un concepto nuevo y rompedor. Esta idea, no obstante, no implica en sí misma un mundo de humanos y más que humanos. ¿Por qué habríamos de seguir considerando a los humanos como el común denominador de toda la creación? Si tuvieras tu hogar en el agua o en el cielo, ¿dirías de las criaturas terrestres que son más que peces o más que pájaros? ¿Acaso no son los peces y los pájaros, en la misma medida que los humanos, siempre más que ellos mismos? Como recordarás del Capítulo 4, la propiedad definitoria de la vida radica en ser puro exceso. Por eso no estoy del todo de acuerdo con los filósofos del posthumanismo que no ven un futuro humano más allá de los límites de la humanidad. Para ellos, un futuro viable solo puede existir después de lo humano. Mi argumento, por el contrario, es que para quienes están dispuestos a seguir el camino de quienes ya han estado aquí, el futuro radica en el acto de humanar.

Ciertamente, solo así, volviendo a existir en un mundo que nunca deja de autogenerarse, podrán los humanos por venir desempeñar su parte en el futuro florecimiento del planeta. Con esto no trato de hacer apología de una visión explícitamente antropocéntrica de la vida en la tierra. Me refiero a adoptar un modo de concebir la existencia que permita situar nuestras naturalezas antrópicas en el centro de un universo experiencial que, para cada uno de nosotros, irradia desde donde estamos y se extiende abrazando a otros seres de todas las clases y disposiciones posibles, reconociendo al mismo tiempo la deuda que tenemos para con esos otros por nuestra propia existencia. Esta idea dista mucho de la forma en que la parte demandante entiende el antropocentrismo, considerándolo sinónimo de excepcionalismo. Cabría preguntarse qué sentido tiene acusar a una postura excepcionalista, que eleva al ser humano a lo más alto de la pirámide, de hacer justamente lo contrario: esto es, de posicionar al *Anthropos* en el centro del mundo. Estas acusaciones no solo confunden cúspide con centro; cosa más grave, la alternativa que proponen, el ecocentrismo, no deja ningún espacio en el que la vida humana pueda contribuir a enriquecer el mundo que está por llegar. Sin embargo, a partir de los estudios arqueológicos sabemos que, en épocas pasadas, la actividad humana ha contribuido enormemente a la prosperidad de la vida[7]. ¿Por qué no habría de volver a suceder?

Al final, todo nos remite nuevamente al problema de la dirección del viaje. El antropocentrismo que sitúa a la humanidad en la cúspide de la pirámide nace de la arrogancia de cada nueva Generación Ahora que piensa que puede detener el paso del tiempo para servir a los objetivos que ella misma ha proyectado. Naturalmente, tal cosa no está a su alcance, de modo que acabará cediendo su lugar a la siguiente cohorte generacional, que a su vez correrá la misma suerte. Y así generación tras generación. En eso consiste el progreso. A su paso va dejando un cúmulo de ruinas. ¿Te acuerdas del Ángel de la Historia? El Ángel ha dado la espalda al progreso, pero las ráfagas del viento que sopla desde el Paraíso le impiden cerrar las alas. No obstante, seguir la mirada del Ángel y retornar a los caminos de nuestros antepasados, mirando hacia donde ellos miraban, también es una forma de reposicionar la vida humana, trasladándola de la cúspide al centro, situándola en medio de las generaciones que se entrelazan conforme avanzan por caminos de renovación que no conocen final. Con este giro de 180 grados, los humanos no dejan de ser seres excepcionales, pero ahora la carga de esa excepcionalidad cambia su enfoque, de la dominación a la coexistencia. Al fin y al cabo, ¿qué otra criatura, aparte del ser humano, puede entretejer las historias de otras vidas con la suya, formando una gran historia del mundo?

Progreso y sostenibilidad

Como sucedía con el concepto de raza, que examinamos en el capítulo anterior, ni el antropocentrismo ni el excepcionalismo son intrínsecamente nocivos. Su toxicidad es más bien producto de la forma en que nos planteamos el funcionamiento de las generaciones: a saber, como un apilamiento. Si, por el contrario, imaginamos que las generaciones se desarrollan entrelazándose unas con otras, no solo le restituimos al concepto de raza su sentido original de linaje de engendramiento, sino que devolvemos el lugar de los humanos de la cúspide al centro de la pirámide del mundo, reconociendo así la responsabilidad excepcional que tienen sobre el florecimiento de la vida en su entorno. Esta restauración es, en mi opinión, necesaria si queremos salir de entre las ruinas del progreso y encontrar un modo de vivir que resulte verdaderamente sostenible. Durante demasiado tiempo, mientras los recursos de la tierra parecían inagotables, hemos tratado de aferrarnos tanto a esta como a aquellos, uniendo la sostenibilidad con la lógica del desarrollo progresista a base de abordar el problema como un asunto de contabilidad, como una cuestión de equilibrar la extracción y la recuperación en un mundo que aún vemos como una reserva permanente para el beneficio continuado de una humanidad global. Sin embargo, para la mayor parte de la gente del planeta, que no tiene acceso ni al poder corporativo ni a la riqueza que este lleva aparejada, la Tierra no se ha vuelto más fácil de habitar gracias a esta gestión contable de la sostenibilidad. Más bien al contrario.

Con todo y con eso, en lugar de rechazar de plano la propia noción de sostenibilidad como algo inherentemente contaminado por el extractivismo corporativo, un camino más útil y más esperanzador sería recuperar su versión originaria, a través de la idea de mantener el curso de la vida en marcha. Esta es una idea antropocéntrica, en el buen sentido de colocar la existencia humana en el centro de un mundo más que humano, posición desde la cual podemos renegociar nuestras relaciones con la tierra y sus habitantes desde unas bases de responsabilidad y cuidados. Vivir de forma sostenible en este sentido implica desarrollar la propia existencia junto a los otros, respondiendo a ellos conforme avanzas, como también ellos responden a ti. La sostenibilidad es correspondencia. No se trata de encontrar el equilibrio numérico entre ingresos y pérdidas, como tan a menudo asumen los discursos sobre legislación tecnocientífica y medioambiental. Se trata de una cuestión de ciclos vitales, de cómo los seres vivos duran o perduran y de cómo encuentran formas de asegurar su renovación. De esta manera, las diversas prácticas de cuidados mediante las que la gente se preocupa cotidianamente por su familia y sus parientes, sus casas y sus terrenos, sus plantas y sus animales, sus artefactos y sus paisajes, reciben el reconocimiento que merecen en tanto que actividades sustentadoras de vida, en lugar de verse relegadas a un segundo plano frente a la implementación de políticas relativas a la gestión racional de recursos.

Una sostenibilidad medida en el entrelazamiento longitudinal de las generaciones resulta, no obstante, fundamentalmente incompatible con la teleología del desarrollo progresista. Apuntan en direcciones contrarias. Para una, un futuro sostenible se basa en recordar los caminos de los ancestros, en el anhelo; para la otra, implica dar la espalda a los ancestros y afrontar de frente el futuro que se avecina. La postura de la Generación Ahora es, claro está, esta última. A su modo de ver, la insostenibilidad —igual que la mortalidad— no es sino un problema por resolver. En su deseo de que su generación sea la última, sueña con ingeniar un sistema terrestre total y autorregulado que funcione autónomamente por toda la eternidad. Este sueño, sin embargo, es tan ilusorio como la fantasía transhumanista de resolver el problema de la muerte. En realidad, el «futuro sostenible» que la Generación Ahora planea implementar por siempre jamás no es más que justamente eso: un plan. Y, como con todos los planes, está destinado a verse reemplazado. El anhelo, por el contrario, es una forma de improvisación. No tiene objetivos ni metas finales, solo un deseo irrefrenable de seguir avanzando. Recordemos las historias del anciano y el astronauta en el Capítulo 4. El anciano sentía un anhelo hacia la luna, pero el astronauta quería un cohete que lo llevase hasta ella. ¿Cuál de estos enfoques es más sostenible?

Leyendo esto, no te quedará más remedio que preguntarte: ¿cómo puede venir la renovación de seguir antiguos caminos? Sin duda, antiguo y nuevo son conceptos opuestos, que pertenecen, respectivamente, al pasado y al futuro. Así es, efectivamente, desde el punto de vista de la Generación Ahora, que mantiene los pies firmemente anclados en el presente. Esta generación insiste en que no puede haber futuro sin progreso y en que no puede haber progreso sin innovación. ¿Acaso no fue justamente así como se originó la aumentación que, históricamente, sacó a la humanidad del carril lento de la evolución natural y la puso en el carril rápido de la cultura y la civilización? Puesto que la novedad de las cosas solo puede juzgarse comparativamente, por su distanciamiento respecto de lo que ha existido antes, lo antiguo está destinado a presentarse como repetición. La aparición de algo novedoso constituye un acontecimiento en el tiempo cronológico, pero en sus repeticiones subsiguientes pasa a formar parte del propio ritmo del tiempo. Esto se observa en la forma que la Generación Ahora tiene de tratar a sus ancianos. Durante su época de plenitud, cuando era su generación la que estaba al mando, estas personas ciertamente hicieron historia, apilando su aportación a la pila en el cúmulo de las «primeras veces». Ahora, sin embargo, aunque sigamos celebrando sus aniversarios, no esperamos que hagan nada más allá de rememorar los viejos tiempos[8].

Recordemos, no obstante, que la novedad es una cosa y la renovación, otra distinta. Robert Pogue Harrison, reflexionando sobre el significado de la novedad en el título de la

Ciencia nueva de Vico, obra a la que aludimos en el Capítulo 3, observa que «la novedad genuina implica un rejuvenecer, más que un repudiar, aquello frente a lo cual persigue libertad e independencia». Sin renovación, tal y como afirma Harrison con cierto sarcasmo, lo nuevo «envejece a toda prisa». Está condenado a formar parte de la pila de los descartes[9]. Permítaseme pues volver ahora sobre la distinción que señalé anteriormente entre la vida como una «cosa uniposible» y las múltiples oportunidades que crea[10]. Cada novedad es una oportunidad aprovechada, y concluye una vez se materializa. Por su parte, la renovación nos llena de un sentimiento de posibilidad, de esperanza, como cuando, en primavera, el mundo entero brota de nuevo a la vida, presagiando una cosecha de verano. ¡Podemos volver a empezar! Lo que aquí nos mueve afectivamente es el engendramiento, el paso del relevo en el proceso vital de estación a estación. Tal y como nos dicen cada planta y cada animal, en voz alta y clara, tan solo hay renovación al caminar siguiendo senderos antiguos. Recordar es el camino hacia el futuro. Aunque el progreso puede hallarse en la acumulación de novedades que van generándose a lo largo del camino, en lo que respecta a la sostenibilidad, lo que realmente importa es la continuidad de la vida.

De rebaños y molinos de viento

Desde tiempo inmemorial, el interior montañoso del norte de Noruega ha estado habitado por rebaños de renos, que han proporcionado al pueblo indígena de la región, los sámi, su principal fuente de sustento. Antiguamente, estos animales eran cazados, pero desde el siglo XVII, a medida que los rebaños salvajes fueron disminuyendo, se implantó en su lugar un régimen de pastoreo nómada. Con el paso de los años, tanto las técnicas y los marcos reguladores del pastoreo como las condiciones de mercado y las costumbres cotidianas se han visto profundamente alterados. A pesar de estos cambios, el vínculo entre las gentes, los renos y la tierra ha permanecido inquebrantable. Los pastores siguen guiando y siguiendo a sus animales a través de un medio profundamente impregnado de la presencia de sus ancestros. Sin embargo, en los últimos tiempos han chocado con otras pretensiones hacia el uso de esas tierras; por ejemplo, para entrenamiento militar, minería y producción de energía hidráulica. En la actualidad un nuevo competidor ha hecho su aparición en forma de baterías de turbinas eólicas, construidas como parte de un programa de desarrollo sostenible de enorme envergadura y respaldado con financiación estatal, que busca ofrecer energía renovable y libre de contaminación. Los impulsores del programa afirman que el impacto de esta medida sobre los rebaños de renos debería ser inapreciable. Al fin y al cabo, los animales siguen teniendo la misma libertad para desplazarse y pastar que antes. Por su parte, los cuidadores de los rebaños tienen otra opinión.

Estos alegan que la visión y el sonido de las turbinas perturban a los renos. Ello se suma a la disrupción que se crea en el entorno durante la fase inicial de construcción. Los venados tienen una larga memoria; una vez han quedado disuadidos de visitar un determinado lugar, pueden mostrarse reticentes a volver a él[11]. Lo que subyace a estas objeciones es un choque a nivel más básico entre distintos órdenes de realidad. Por una parte está el orden de la generación de vida, correspondiente al mundo de los seres vivos; por otra, el de un mundo erigido por artificio humano sobre el sustrato físico de la naturaleza. En la colisión entre ambos órdenes, representados, por un lado, por la gente y sus rebaños y, por otro, por las turbinas eólicas, ¿cuál de los dos lleva las de ganar? A la luz de nuestro presente relumbrante, podría parecer que son los molinos los que salen ganando, relucientes símbolos de la conquista humana de la naturaleza, guiada por la razón e implementada mediante el ingenio de la tecnología. Son monumentos al progreso. Los animales, por su parte, no progresan, y no hay lugar para ellos en el orden artificial de los molinos de viento. Tan pronto como volvemos a los rebaños, las turbinas desaparecen como fantasmas en la niebla. Mucho después de que se hayan desvanecido, los renos seguirán migrando y sus cuidadores los acompañarán, igual que la noche sigue al día y las estaciones continúan su ciclo.

En ambos casos, el viento y el tiempo adquieren un significado distinto. Los renos son en la misma medida aéreos y terrestres, con la nariz siempre alzada al viento. En su percepción, el medio en el que habitan no es tanto un paisaje como un conjunto de corrientes de aire entremezcladas, que el viento genera al restregar la tierra a su paso, cuando rodea las colinas, atraviesa por entre las paredes de los valles o azota los árboles[12]. Tales perturbaciones aéreas, aunque repletas de significado para el reno, no significan nada para la turbina. El viento puede soplar leve o intenso, en una dirección o en otra, pero en cualquier caso, para las aspas de la turbina no es más que una fuerza motriz. Además, los molinos no envejecen. Alzándose gigantescas, pero sujetas al suelo en los lugares que les han sido previamente asignados, estas insignias de la Generación Ahora apuntalan el paisaje como un ejército invasor de clones perfectos. Sus aspas giratorias, que no se mecen al viento, sino que dan vueltas en círculo, describen un tiempo que se repite sin avanzar. Como por arte de magia, detienen el tiempo, ponen el mundo en pausa. Cada una de las torres idénticas de los molinos afirma físicamente su reivindicación sobre un presente inacabable. Mientras tanto, el mundo sigue su curso indiferente a todo esto, portando consigo únicamente aquellas cosas que, como los seres vivos, son capaces de rejuvenecer. Entre ellas, los renos, y también las gentes que los acompañan.

Así pues, no se trata tan solo del viento y del tiempo. Los dos órdenes mencionados también implican dos tipos distintos de relación con la tierra. Para erigir un molino de viento, primero hay que cavar una fosa y rellenarla con una gruesa capa de cemento reforzado. Después, las distintas partes de la torre del molino van siendo colocadas desde arriba por medio de una grúa, con la que también se eleva y se coloca, previamente montada, la unidad con las aspas, situada en el eje de la góndola, en lo alto de la torre. De este modo, ya por los principios mismos que rigen su construcción, la turbina declara una separación absoluta entre tierra y cielo. Es esto lo que la convierte en una presencia tan discordante en el medio donde los renos pastorean, constituido por el entremezclarse de ambos elementos. Los renos no extraen pedazos de tierra para sellar la división entre esta y el cielo, sino que mordisquean por aquí y por allá para satisfacer sus necesidades, dejando lo demás intacto. La tierra es para pastar, aun cuando su superficie, que cambia según la estación, no discrimina entre la nieve del invierno, a través de la cual los venados tienen que cavar para acceder a la cubierta de liquen que hay por debajo, y el exuberante mosaico de vegetación del verano, el pantano anegado, la roca desnuda y la arena del desierto. Es imposible determinar dónde está realmente el suelo, porque lo conforman todas estas partes, que juntas forman una sola cosa.

¿Y qué hay de las personas que viven con los rebaños? ¿Qué es para ellas la tierra? ¿Cómo habríamos de describir su forma de vida? Palabras como «paisaje» y «cultura» tal vez no resulten las más apropiadas. Viajando junto a los renos por extensiones nevadas o pantanosas atravesadas por el viento, los guías deben responder con sus movimientos a las condiciones siempre cambiantes del cielo sobre sus cabezas y de la tierra bajo sus pies. Son estas, más que el paisaje que los rodea, lo que demanda su atención. ¿Es posible que lo que estamos acostumbrados a denominar la «cultura» de un pueblo indígena como los sámi radique precisamente en esto? No en una herencia, lista y disponible para ser trasladada a la generación siguiente, sea dentro de la cabeza de la gente o en el paisaje exterior, sino en algo más parecido a una atmósfera, difusa e ilimitada, que es respirada por quienes se encuentran inmersos en ella. Se trata al mismo tiempo de un medio cósmico, formado por una armonía de tierra y cielo, dentro del cual ocurre el desarrollo de la totalidad de la vida, y un campo de relaciones afectivas, nacido de la intimidad entre generaciones que se superponen. Esta atmósfera no puede transmitirse de una generación a la siguiente igual que se entrega un paquete; solo pueden vivirla en colaboración. Además, es entre los seres vivientes donde se produce y se reproduce: en una palabra, donde encuentra sostenibilidad.

7. El camino de la educación

La postura académica

La educación es la forma que tiene una sociedad de crear su futuro. Ahora bien, ¿de qué clase de futuro se trata? ¿Hablamos de un reemplazo, de capacitar a los jóvenes para tomar el relevo de la Generación Ahora a medida que la generación de sus maestros empiece a entrar en declive? ¿O de una continuación, de incorporar a nuevos individuos a una existencia en comunidad en la que todos estamos conjuntamente implicados? ¿La maestra confronta a su clase, perteneciente a la generación siguiente, cara a cara, en actitud de instruir, tras haberse volteado una vez llegada al presente? ¿O camina tras los pasos de quienes la precedieron, haciendo un gesto de compañerismo a sus alumnos para invitarlos a seguirla? ¿Vemos a los estudiantes ante la maestra o caminando tras ella? Este es un buen momento para volver a la contraposición entre la cuerda y la pila en tanto que modelos para pensar las generaciones y su paso. En el caso de la pila, a cada generación le corresponde su propio estrato, que proporciona a sus integrantes, en palabras del filósofo Immanuel Kant, «el terreno sobre el cual se adquiere y aplica [su] conocimiento»[1]. En el caso de la cuerda, por otra parte, no existe un sustrato semejante, sino que cada hebra debe encontrar dónde posicionarse en el mundo a base de formar lazos con otras hebras. ¿Qué implicaciones tiene el contraste entre estos dos modelos sobre la naturaleza y el propósito de la educación?

Durante más de tres siglos, el mundo occidental ha concebido la educación como motor del progreso social. Ha sido el medio a través del cual los avances del conocimiento humano, generados aplicando los poderes de la razón al material obtenido mediante la observación empírica, se han ido transmitiendo de una generación a la siguiente, haciendo posible que cada una de ellas se alce a hombros de sus predecesoras. Una educación en consonancia con este principio de progreso tiende por naturaleza a otorgar prioridad a aquellas materias de estudio que, según los criterios de la pedagogía formal, son consideradas académicas. Esto se debe a que, en tanto que lugar de aprendizaje, la Academia —ya se trate de un colegio, un centro de estudios superiores o una universidad— se sustenta sobre la premisa de estar en posesión de un conocimiento más avanzado de cómo funciona el mundo —al menos, en comparación con el de los llamados «practicantes laicos», tan ligados a la experiencia que permanecen ajenos a la explicación y el análisis—. El conocimiento académico, casi por definición, se posiciona a sí mismo en un plano más elevado, un nivel por encima del ámbito confuso de la práctica en el cual podría dársele utilidad, si la tiene. Por este motivo el estudio académico tiende a separar el aprender del hacer, la transmisión de conocimiento entre generaciones de su aplicación dentro de las mismas.

Denominaré «postura académica» a la actitud de la profesora que se coloca mirando de frente a sus alumnos. La postura académica se sustenta en la acreditación social de la profesora, a quien se le atribuyen un nivel superior de conocimiento y la cualificación para transmitirlo. El objetivo es que los estudiantes se eleven desde su estado inicial de supuesta ignorancia, a través de una serie de etapas, hasta alcanzar un nivel de entendimiento adulto, del que puedan valerse cuando llegue su momento. Esta postura, no obstante, ha implicado relegar a los márgenes una serie de materias que apelan —como diríamos en el lenguaje moderno— más al sentir que a la razón, o a criterios de perfección más estéticos que lógicos. No es que estas materias, que van desde el arte y la artesanía a la música y la danza, no tengan un lugar en el currículum. Por el contrario, incluso en una sociedad tan apegada al ideal del progreso, existe un reconocimiento generalizado de la necesidad de complementar la objetividad imparcial, la fría lógica y el rigor analítico del estudio académico con algo más aplicado y subjetivo, más alineado con el sentimiento, la empatía y la comprensión holística. Una educación en materias no académicas, se nos dice, proporciona a los estudiantes una formación completa que potencia sus habilidades para relacionarse con el entorno.

Esta complementariedad entre materias académicas y no académicas está profundamente arraigada en el carácter moderno, que establece una división entre el conocimiento objetivo y la experiencia subjetiva, entre la razón y la expresión. ¡Los científicos nos dicen incluso que es algo programado en el funcionamiento del cerebro humano, en la división existente entre los hemisferios izquierdo y derecho! El izquierdo es la sede del intelecto; el derecho, la sede de la empatía. Ninguno de los dos puede funcionar sin el otro. Creo, sin embargo, que la cuestión va más allá de la complementariedad. Lo que verdaderamente caracteriza a la pedagogía no académica, en mi opinión, es una diferencia fundamental en el modo de posicionarse, que en este caso implica una actitud de compañerismo, en lugar de una de confrontación. Profesora y alumnos miran en la misma dirección, y aquella se inclina hacia estos. La educación pasa entonces a ser una empresa conjunta, impulsada no por un ideal humanista de avanzar en el progreso, sino por la pasión por conocer la verdad acerca de las cosas que conforman la realidad y están presentes en el mundo. En lugar de abrir un espacio para el cultivo de la expresión personal subjetiva, con una existencia en paralelo y sirviendo de contrapunto al otro espacio correspondiente a la transmisión de conocimiento objetivo, este segundo tipo de educación busca implicar a los estudiantes en un continuo diálogo con el mundo en sí, guiando su atención hacia las cosas o los seres que lo pueblan y explorando las condiciones que definen nuestra coexistencia con ellos[2].

A esta clase de educación la llamo «encomunizaje»[3]. Con este concepto me estoy refiriendo al opuesto mismo del de «entender», tal y como se concibe desde la postura académica. Entender implica sentar las bases de un cierto conocimiento; la palabra inglesa (*to understand*) describe, literalmente, un soporte sobre el que levantarse, y que a su vez proporciona unos fundamentos sólidos para futuras empresas. Con el concepto de entendimiento, el conocimiento prescinde de la atención. ¿Por qué molestarte en prestar atención cuando ya tienes el conocimiento? El encomunizaje, por el contrario, nos pone en desequilibrio. No hay nada seguro, pero, por este mismo motivo, todo es posible. Al vernos sin una base estable sobre la que construir, ya sea individual o asociativamente, nos obliga a vincularnos, igual que las hebras de una cuerda, para evitar quedarnos fuera. El encomunizaje, pues, constituye una forma de convivir en el espacio de lo posible que requiere la atención y responsividad mutuas a las que ya me referí en el Capítulo 4 con el nombre de «correspondencia»[4]. Corresponder con otras cosas o seres no consiste en afincarte en lo que de entrada tienes en común con ellos, sino en salir a su encuentro y darles la bienvenida tal y como son, en hallar formas de avanzar junto a ellos y crear, en este proceso, una comunidad de relaciones. Ahí radica la esencia de esta postura de compañerismo.

Razón y respons(h)abilidad

Creo que esta actitud de inclinarse sobre el otro, llena de cuidado y de compasión, que nada tiene que ver con proporcionarle al currículum educativo una serie de materias periféricas que complementen un núcleo básico de asignaturas académicas, tiene el potencial para transformar el propósito mismo de la educación, en todos los diversos ámbitos de estudio, haciendo que pase de consistir en una transmisión eficaz de conocimiento por parte de profesores de una generación a estudiantes de la siguiente a convertirse en un acto de abrir caminos o mostrar vías, dirigiendo la atención hacia ámbitos del mundo donde un escrutinio más cuidadoso podría resultar fructífero. Al fin y al cabo, «educar» significa literalmente «guiar hacia fuera» (del latín *ex,* «fuera», y *ducere*, «guiar»). En este sentido originario, la educación nos guía hacia fuera, hacia el mundo, para que seamos capaces de prestarle atención y responder a él. Cuando de lo que se trata es de guiar a otros hacia fuera, este concepto de educación no deja de tirar de nosotros para alejarnos de puntos de vista establecidos, de cualquier pretensión que pudiéramos tener sobre el presente. Una educación que guía liderando el camino se inclina también hacia atrás. Quien educa, aun mientras avanza siguiendo los caminos de sus predecesores, se retuerce, inclinándose a su espalda, como en la expresión inglesa*, para cuidar a los estudiantes que avanzan detrás. La relación aquí entre el acto de liderar el camino de salida y el de inclinarse sobre es la misma que entre envejecer y engendrar[5]. Cada uno, como se muestra en la Figura 7.1, es el opuesto del otro.

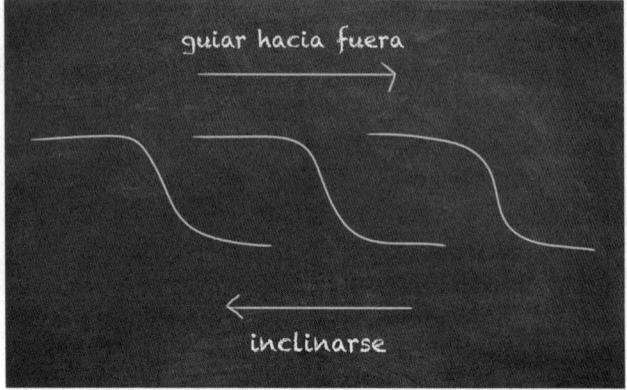

Figura 7.1. Guiar hacia fuera e inclinarse sobre el otro

* «*Bend over backwards*», que literalmente significa doblarse hacia atrás, y que también alude a tomarse toda clase de molestias por algún fin *(N. de la T.)*.

Para Jan Masschelein, a cuya filosofía de la educación ya he aludido anteriormente[6], esta práctica de guiar hacia fuera e inclinarse sobre el otro equivale a lo que él llama «pedagogía pobre». En esta pedagogía no hay posición alguna que defender, ni un conjunto de conocimientos que transmitir, ni un proyecto de gran envergadura por realizar. Funciona, más bien, a través de desplazar a sus discípulos, sacándolos de su posición actual. En otras palabras, a través de la *exposición*. Como al dar un paseo al aire libre, donde cada paso es potencialmente peligroso, pero al mismo tiempo supone una nueva apertura al mundo, una pedagogía pobre, según Masschelein, nos invita a renunciar a nuestra zona de confort y abrazar la incomodidad del camino, cambiando fuerza y seguridad por debilidad y vulnerabilidad. En lugar de pretender armarnos mediante el conocimiento o atrincherarnos tras nuestras defensas para lidiar mejor con la adversidad, el objetivo de la pedagogía pobre es desarmar, exponer y, por el mismo principio, agudizar la atención hacia el mundo que nos rodea, de manera que podamos responder con habilidad y sensibilidad a lo que está sucediendo en él. Es una pedagogía que, en palabras del propio Masschelein, nos dice: «mira, no voy a permitir que tu atención se distraiga, ¡mira! En vez de esperar acontecimientos que te estimulen y un desenlace, historias y explicaciones, ¡mira!»[7].

Al adoptar una pedagogía pobre, basada en guiar hacia fuera e inclinarse sobre quienes siguen, profesores y alumnos avanzan en mutua compañía, como compañeros de viaje en las «encomunidades». El viaje puede ser difícil, peligroso e incómodo, y no hay nada que asegure el resultado. Ciertamente, el trabajo del profesor es facilitarles las cosas a sus estudiantes. Consiste en dar ejemplo, en servirles a modo de guía generoso, compañero constante y crítico incansable. Por su parte, los estudiantes, siguiendo el ejemplo de su profesor, no deberían tener miedo en copiar, igual que el aprendiz copia cuando está aprendiendo su arte. No se espera que los estudiantes innoven, como es el caso en la postura académica, que cifra el valor añadido del progreso educativo en lo novedoso de los resultados y descalifica la copia como plagio. Desde una postura de compañerismo, copiar no constituye un plagio, sino práctica. Como un aprendiz, el estudiante practica bajo la mirada del profesor para, eventualmente, ocupar él mismo el lugar de esos ojos, vigilando, a su vez, a la siguiente generación. Así, la tradición continúa, teniendo como base la seguridad de que los estudiantes, a quienes no se les puede obligar a aprender, ansían, no obstante, sumarse a los empeños de sus profesores y pasar el relevo del aprendizaje a las generaciones por venir.

Una educación en el encomunizaje requiere, pues, aprestarse a avanzar en compañía de otros y a responder a ellos sobre la marcha. En resumen, fomenta la respons(h)abilidad. No se trata de una idea novedosa. Hasta donde sé, el primero en introducirla fue el compositor John Cage, en una conferencia pronunciada en 1957. Solo en presencia de las cosas, decía Cage, somos capaces de sentirlas, y solo a través del sentir podemos responder. La teórica cultural Donna Haraway, al parecer, sin conocimiento de este precedente, ha reinventado recientemente el término con un sentido muy similar. La respons(h)abilidad, dice, es una «práctica de cuidado y responsividad». No es Cage su único precursor; una década antes de que Haraway se lo apropiara, este término fue empleado también por el teórico de la educación Gert Biesta[8]. Para Biesta, la respons(h)abilidad tiene que ver con un determinado tipo de voz. Se trata de una voz que es propia de cada individuo, pero que solo surge para solicitar respuesta de la voz de los otros. Al igual que sucede con una línea en un diálogo, o en una polifonía, cada voz emerge continuamente en y a través del juntarse con y diferenciarse de las voces de otros. ¿Qué pasaría, se pregunta Biesta, si la educación priorizase el desarrollo de la respons(h)abilidad por encima del cultivo de la razón?

La voz de la razón no pertenece a nadie. Trasciende todas las variaciones de la experiencia. Es esta voz, al mismo tiempo instructiva e impersonal, la que la educación académica aspira a inculcar en sus estudiantes. Para ello, disocia deliberadamente el conocimiento de la experiencia personal, buscando volverlo accesible para todos. En la comunidad de la razón, en palabras del filósofo Alphonso Lingis, todo el mundo es intercambiable. Los problemas tienen una respuesta correcta, que no cambia sea quien sea quien los resuelva. Un teorema matemático, por ejemplo, no nos da ninguna pista acerca de la vida y los tiempos del matemático; una ley natural o social no dice nada de los científicos o juristas que la emitieron. Una pedagogía de la respons-(h)abilidad, sin embargo, implicaría invertir las prioridades de la postura académica, prestando atención a la diferencia siempre emergente por encima de las medidas estandarizadas de rendimiento educativo. Mientras que en la comunidad de la razón no importa quién seas siempre que aportes algo nuevo, en la comunidad de la respons(h)abilidad lo que más importa es quién eres, ya que es precisamente la diferencia que caracteriza cada una de las voces de la comunidad la que mantiene el vínculo entre sus integrantes. Como afirma Lingis, es una comunidad «de aquellos que no tienen nada en común»[9]. Al no tener nada en común, cada uno tiene algo que ofrecer.

Personas nuevas, costumbres antiguas

Como ya se sabe, todos los seres humanos nacen en un mundo determinado. En esto consiste el hecho elemental de la natalidad. Por ello, la principal tarea para quienes llevan ya un tiempo en este mundo y están familiarizados con sus costumbres es iniciar en él a esos nuevos seres. Según la filósofa política Hannah Arendt, es esta la tarea de la educación. Se trata de una relación entre niños y adultos donde estos asumen la responsabilidad sobre el desarrollo de aquellos. Según observa Arendt, durante la mayor parte de la historia de la humanidad, esta relación ha surgido de forma normal y natural «del hecho de que en el mundo siempre existen simultánea y conjuntamente personas de todas las edades»[10]. Gracias a la coexistencia intergeneracional, como vimos en el Capítulo 2, los jóvenes disponen de abundantes oportunidades para escuchar las historias y practicar las habilidades de sus mayores, así como para transmitirlas en el transcurso de su propia vida, de manera que también ellos pasan a ser a su vez practicantes ejemplares y contadores de historias para las generaciones siguientes. Es al inclinarse amorosamente sobre los otros mientras avanzan siguiendo caminos antiguos, liderando el paso hacia el futuro, como los mayores generan las condiciones para que los jóvenes puedan emprender un camino de rejuvenecimiento. Es aquí donde radica la continuidad de la tradición.

En el mundo actual, sin embargo, se ha producido una ruptura en esta continuidad. Las generaciones han quedado separadas de tal forma que ya no coexisten simultáneamente, sino que van quedando apiladas. La consecuente disolución de las relaciones intergeneracionales impide a los mayores iniciar a los jóvenes en los modos de vida tradicionales como antes hacían. Gran parte de la responsabilidad de la educación se ha transferido al Estado. Y, para Arendt, que escribe en 1954, después de la Segunda Guerra Mundial, detrás de lo que para ella constituía la actual «crisis de la educación», lo que subyacía era un fracaso estatal por haber eludido la responsabilidad que se le había asignado en esta transferencia. En lugar de introducir a los jóvenes a un mundo antiguo, el Estado pretende prepararlos para un mundo nuevo, cuyo orden ha creado por decreto. Para Arendt, esta clase de preparación no proporciona más que una semblanza de lo que sería una verdadera educación, ya que su auténtico propósito no es introducir al mundo a los jóvenes, sino adoctrinarlos. El efecto coercitivo de este adoctrinamiento consiste en negarles cualquier oportunidad de crear un futuro que puedan llamar propio, ya que, para cuando llegue su momento, el mundo del mañana que se les prometió será ya el mundo del ayer.

En este enfoque podemos reconocer claramente la actitud de la Generación Ahora, que se autoasigna la planificación del futuro como si se tratara de un proyecto, aun cuando con ello relega el pasado a la categoría de patrimonio. Los agentes educativos de la Generación Ahora, al ver acercarse a la generación siguiente, amenazando con usurpar algún día su lugar de preeminencia, exigen que los jóvenes se amolden al nuevo orden y se sitúan como custodios de su entrada, vigilando que cumplan las condiciones de admisión. Para estos jóvenes, sin embargo, la única esperanza de dejar huella, en tanto que nueva generación, radica en repudiar el futuro ya proyectado para ellos y poner otro en su lugar. El resultado es esa sucesión trastabillante de sustituciones generacionales a la que llamamos progreso. Viendo esto, Arendt, haciéndose eco del lamento del Ángel de la Historia, percibe tan solo ruina. Al igual que el Ángel, su mirada se vuelve decididamente hacia las costumbres tradicionales. Solo ellas presentan un camino viable hacia el futuro. En cuanto a la educación, para Arendt, la pregunta es si nuestro anhelo por este mundo tan antiguo, nuestro *amor mundi,* es lo bastante fuerte para permitirnos asumir la carga de introducir a él nuevas vidas. Solo en caso de que así sea puede haber esperanzas de renovación para las generaciones futuras[11].

Sin duda es una carga pesada. Requiere de un trabajo diligente de adultos y niños por igual. La filosofía de Arendt se nos presenta con una imagen no solo conservadora en su compromiso con la tradición, sino además estricta, austera y autoritaria. No tiene nada que ver con la educación estilo del *laissez-faire* del aprender haciendo. La educación, dice Arendt, no solo es una cuestión de ir recogiendo cosas por el camino. Aunque esto pueda bastar para aprender el «arte de vivir», la educación tiene el propósito de enseñar a los niños «cómo es el mundo»[12]. Las cosas deben ser explicadas. Por ejemplo, una cosa es que los niños aprendan la lengua materna y otra muy distinta, que estudien su gramática y su sintaxis. ¡Eso no se consigue jugando por ahí! Los niños necesitan aprender de adultos que sepan más que ellos, y es responsabilidad de estos asegurarse de que así sucede. Su cualificación para enseñar radica en el hecho de saber más, pero es en la capacidad para asumir su responsabilidad, y no en el conocimiento, donde se sustenta su autoridad. Quien rechace asumir esta responsabilidad, según declara Arendt, «no debería tener niños y no se le debe permitir que tome parte en su educación»[13]. ¡Sin responsabilidad, no hay autoridad!

Son palabras contundentes. Dudo que Arendt, incluso en sus momentos más oscuros, llegase a desear un mundo en el que el derecho a engendrar de cada individuo fuese determinado por los filósofos. No obstante, lo que aquí nos importa es el significado de la autoridad. Tendemos a asumir que cualquier ejercicio de autoridad es confrontativo. Como sujeto, es algo a lo que te enfrentas. El modelo que Arendt propone, sin embargo, implica una forma de posicionarse ligeramente distinta, que es la correspondiente a la actitud del inclinarse sobre el otro, tal y como se muestra en la Figura 7.2.

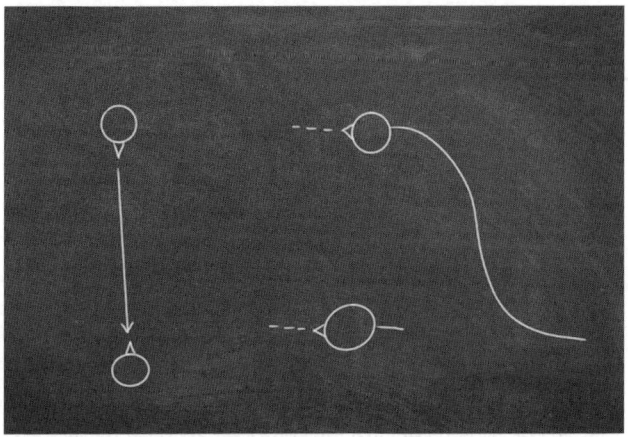

Figura 7.2. La autoridad como confrontación (izquierda) y como ejercicio de responsabilidad (derecha)

La figura de autoridad es un guardián, no un tirano. Este podría ser el motivo por el cual a Arendt le preocupa diferenciar entre la autoridad que se sustenta en la responsabilidad y la cualificación que se sustenta en un conocimiento superior. La idea de que el profesor ha de estar cualificado para explicar cómo es el mundo lleva ciertamente el aroma de la postura académica. Sitúa al adulto conocedor por encima y en contra del niño ignorante. La responsabilidad, por el contrario, requiere de cuidado y protección. El progenitor o maestro responsable protege amorosamente al niño, de modo muy similar a como el jardinero cuida de un brote nuevo en la tierra, creando un entorno protegido para que crezca. Además, no puede haber responsabilidad sin respons(h)abilidad, sin la voz de uno, que se inclina sobre el otro o lo vigila y que pide escuchar la voz del otro, con quien se corresponde.

Sabiduría y curiosidad

Decimos que la educación responsable requiere de un lugar de refugio, pero ¿de qué debe ser protegida? No se trata de las múltiples manifestaciones de la tierra y el cielo, que son el hogar de los seres vivos y que proporcionan todo lo necesario para el crecimiento, sino de la avalancha de novedad que cada nueva Generación Ahora impone sobre ellas al hacerse con el poder en el ámbito público y político. En opinión de Arendt, estos dos mundos —uno dedicado a la renovación de la vida, otro a la generación de la sociedad— se oponen más allá de toda reconciliación posible. La vida «emerge de la oscuridad», pero siempre está en riesgo de verse sobrepasada por «la mirada despiadada del ámbito de lo público»[14]. Que la educación esté ahora en crisis se debe, en su opinión, a la pérdida de seguridad que hace que los estudiantes queden a merced de un sistema de escolarización público que no tiene otro objetivo que el de adoctrinarlos de manera que encajen en un futuro creado por ese mismo sistema. Pero ¿podría ser de otro modo? ¿Podemos imaginar una sociedad en la que el pequeño espacio de refugio, de inclinarse sobre el otro, en lugar de tener que protegerse frente a la mirada pública, pudiera servir como faro para la regeneración social? ¿Y si las generaciones de jóvenes y mayores, tras una segregación social cada vez más dolorosa, pudieran reanudar su participación conjunta en el trabajo de engendrar?

Estas preguntas tienen, en mi opinión, enormes repercusiones sobre el modo en que pensamos la educación, a los jóvenes y los viejos y el potencial de la colaboración entre ambos. Hoy en día, los padres sienten una natural preocupación por asegurarse de que a sus hijos les vaya bien en el mundo, de modo que quieren para ellos una educación a la vez rica y fuerte: rica en conocimiento y contenido y fuerte por el poder y la confianza que otorga. La educación académica convencional se esfuerza por satisfacer estas demandas. Habla con la voz de la razón, oponiendo contra la ignorancia de la infancia el conocimiento adulto. Otorga un rango determinado a quienes la atraviesan, incrementando así sus oportunidades vitales en una sociedad competitiva. Pero una cosa es el conocimiento y otra, la sabiduría. Ciertamente, hay sabiduría en el desconocimiento. Mientras que conocer es acomodar los asuntos del mundo dentro de las categorías del pensamiento, ser sabio es abrir de par en par las puertas de la percepción, dejar que el mundo entre de lleno en el campo de la atención y la deliberación. Significa acoger a los otros en nuestra presencia, no ejercer nuestro poder sobre ellos o rechazarlos. Significa observar y escuchar, y aprender. Si el conocimiento nos arma contra nuestros adversarios, la sabiduría nos desarma. Por la misma lógica, nos deja también expuestos y vulnerables.

Esta es la vulnerabilidad de los mayores, inducida no solo por el debilitamiento físico, sino por la toma epifánica de conciencia, a partir de la experiencia de toda una vida, de lo poco que conocen. Para ellos, el conocimiento se ve atemperado por la humildad. Por su parte, entre los jóvenes que llegan arropados bajo las alas de sus mayores, la sabiduría alimenta la curiosidad. Los niños son curiosos porque su atención está abierta y alerta y la educación académica que la Generación Ahora espera imponerles aún no la ha obligado a detenerse. ¿Podrían preferir los abuelos este despertar de la curiosidad para sus nietos? Una pedagogía que aúne de este modo a generaciones alternas en la actitud de acompañamiento, de guiar hacia fuera e inclinarse sobre el otro, como muestra la Figura 7.3, introduciría en la conversación otras voces que la de la razón: las voces de la sabiduría, por parte de los mayores, y las voces de la curiosidad, por parte de los jóvenes, cada parte llamando a la otra, en una correspondencia que se armoniza con la extensión temporal del anhelo. Mientras que la razón habla con palabras de mandato, que detienen en seco a quienes las reciben, la sabiduría y la curiosidad hablan con palabras de pasaje, abriéndose a la vida[15]. La pedagogía que ofrecen puede ser pobre, pues tiene poco que transmitir en lo que a contenido preelaborado se refiere, y débil a la hora de desarmar las defensas de ambas partes. Aun así, ¿podría haber fuerza en la debilidad, riqueza en la pobreza?

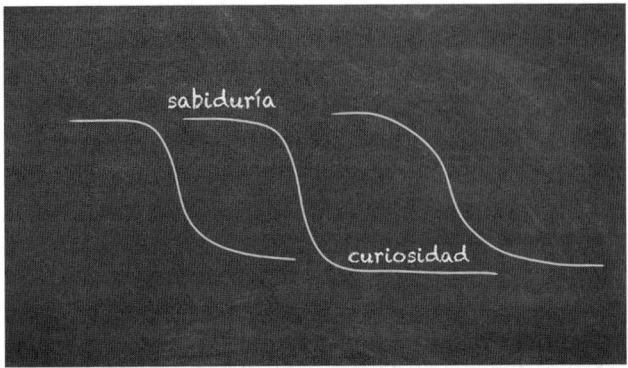

Figura 7.3. Las voces de la sabiduría y de la curiosidad

Ciertamente, ni la curiosidad juvenil ni la sabiduría experimentada son demasiado apreciadas en una sociedad que valora el conocimiento objetivo y el funcionamiento de la razón por encima de todo lo demás. El conocimiento, al situar las respuestas por delante de las preguntas, apaga la llama de la curiosidad; la razón, que privilegia la cognición por encima de la atención, ataja la sabiduría. De hecho, en el sistema de valores en el que se sustentan las instituciones convencionales de la educación y el cuidado social —dedicadas, respectivamente, a preparar a los niños para un futuro predefinido y a mantener apartados a los mayores, para quienes ese futuro ha llegado demasiado tarde—, la inocencia de la curiosidad se valora como deficiencia de conocimiento y la humildad de la sabiduría, como una deficiencia de la razón. La primera queda etiquetada de ignorancia; la segunda, de senilidad. Para la Generación Ahora, que tiene el mando del presente, la idea de que el senil y el ignorante puedan, juntos, moldear el futuro resultaría de una absurdez evidente. Sin embargo, aunar sabiduría y curiosidad no solo parece prudente, sino también necesario para la renovación de la vida para las generaciones futuras. No se trata aquí ni del deseo nostálgico de volver a un pasado perdido ni de una fantasía sobre un futuro utópico, sino de sentar unos cimientos para la esperanza. Pero, para hacer realidad la esperanza, viejos y jóvenes tendrán primero que volver a encontrarse, convirtiendo su colaboración productiva y mutuamente transformadora en una fuerza de renovación al servicio del bien común[16].

Hemos llegado, finalmente, a un modelo de educación alternativo. Su pasión es el *amor mundi*, el amor por el mundo, o lo que hemos llamado también «anhelo», y su vocación no es conducir a los jóvenes hacia la luz, sino enseñarles a ver en la oscuridad: «la oscuridad del pasado viviente donde las posibilidades del futuro llaman a través del tiempo para ser recobradas»[17]. En lugar de proponer una complementariedad entre materias académicas y no académicas, nuestro modelo sitúa la postura de guiar hacia fuera e inclinarse sobre el otro por delante de toda división de las disciplinas con estatus académico. Una materia como las matemáticas, por ejemplo, a menudo situada en la cúspide de la genialidad académica, bebe de un acerbo de sabiduría ancestral tan profundo como el de cualquier artesanía. Aprender una artesanía tampoco es en modo alguno un reto intelectualmente inferior al de estudiar matemáticas[18]. En el compañerismo que caracteriza el encomunizaje, las materias no se ubican jerárquicamente en diversos peldaños de rendimiento atendiendo a la clasificación de un currículum formal, sino que son retomadas y renovadas a través de las voces de quienes las estudian. A medida que se entrelazan unas con otras, estas voces van tejiendo una cuerda de muchas hebras que se prolonga al igual que lo hace la vida, sin llegar nunca a alejarse de su origen ni a acercarse a su final. Esta cuerda es la vía de la educación.

8. Tras la Ciencia y la tecnología

De STEM a STEAM

Entre la Generación Ahora y la Ciencia existe una relación de dependencia mutua. La Generación Ahora necesita de la Ciencia para salvar los huecos que la incertidumbre crea en sus predicciones para el futuro; por su parte, la Ciencia necesita del apoyo institucional de la Generación Ahora para mantener su costosa infraestructura de laboratorios, bases de investigación y máquinas computadoras, así como para pagar a los expertos que hacen que todo esto funcione. Sin embargo, desde el cambio de milenio, en el mundo anglosajón, la Ciencia tiende cada vez más a presentarse bajo otro nombre: STEM. STEM es el acrónimo inglés para «ciencia (*science*), tecnología (*technology*), ingeniería (*engineering*) y matemáticas (*math*)». La debilidad de la Generación Ahora por los acrónimos, que salpican su lenguaje legislativo y práctico en ámbitos diversos, del comercio a la defensa, tiene su razón de ser. Los acrónimos nos permiten hablar o escribir sobre las cosas sin que sea necesario nombrarlas. Ya vimos, en el Capítulo 1[1], cómo el acto de pronunciar los nombres de las personas al recitar su genealogía forma parte del proceso de introducir sus vidas en linajes de engendramiento. Lo mismo sucede con las cosas. Nombrarlas implica conjurarlas, detenernos en ellas y conectar nuestras vidas con las suyas. Esto es precisamente lo que la Generación Ahora, con su apelación a la razón, desea evitar. Gracias a los acrónimos le es posible esquivar la respons-(h)abilidad.

Este argumento se aplica igualmente a la denominación de las diversas ramas del saber, a menudo llamadas «disciplinas». Estos nombres son importantes. Cuando se utilizan en su forma completa, portan consigo el peso de la tradición y están entrelazados con las vidas y las identidades de quienes practican las actividades nombradas. Si, por ejemplo, declarase «soy un filósofo», estaría diciendo algo sobre mí y sobre cómo mis propias formas de pensar y de sentir han sido moldeadas por los expertos y las obras con los que he estudiado. Estaría profesando, en un sentido literal, un amor por la sabiduría y el aprendizaje basado en una actitud de curiosidad, receptividad y cuidado[2]. En la práctica, no creo que suceda de forma distinta con las disciplinas que hoy en día quedan incluidas bajo el paraguas de la ciencia. Esta actitud está presente en la atención del biólogo hacia los seres vivos, en la atención del químico hacia las propiedades de los materiales, en la atención del físico hacia la materia misma. Igualmente, la tecnología y la ingeniería se parecen a la artesanía en la agudeza perceptiva y el respeto por los materiales que demandan de quienes las practican. En cuanto a las matemáticas, su raigambre en el gesto, el ritmo y el trazo han resultado evidentes desde la Antigüedad, a pesar del aura de genialidad intelectual con que se han visto envueltas.

Al pronunciar las palabras «ciencia», «tecnología», «ingeniería» o «matemáticas», no de pasada, sino deliberadamente, y detenerte un instante sobre ellas, te ves transportado a campos de indagación que se extienden en todas direcciones, tan lejos como la vista alcanza y aun más allá, siguiendo caminos que ya fueron transitados por nuestros ilustres predecesores. Cada una de las disciplinas que responden a estos nombres constituye un linaje de engendramiento, trenzando, al modo de una cuerda, la vida académica de sus numerosos practicantes, que han ido coincidiendo en el tiempo. En tanto que estudiante, tu misión es continuar el trenzado. En cambio, el acrónimo STEM corta a través de los diversos linajes como un cuchillo. No muestra rastro de afecto alguno al enunciarlos. Al evitar nombrar cada una de las disciplinas, el acrónimo logra evitar también cualquier sentimiento que pudiéramos albergar hacia ellas. No suscita pasión alguna, ni memorias, ni sentimiento de anhelo. No denota otra cosa que una instrumentalidad estéril y desapegada. Así, el hecho de sustituir los nombres tradicionales de las disciplinas por sus acrónimos no responde a una mera cuestión de conveniencia expositiva, sino que constituye un indicio de la completa apropiación, llevada a cabo en nombre de la investigación y el desarrollo, de tales disciplinas, así como de su subordinación a la lógica y los intereses de la Generación Ahora. STEM pertenece inequívocamente al presente. Hay una historia de la ciencia, de la tecnología, de la ingeniería y de las matemáticas, pero no hay una historia de STEM[3].

STEM, que ha repudiado el pasado de este modo, no tiene tampoco futuro. Más bien pretende ser, él mismo, el futuro. Por eso sus expresiones predilectas son «de vanguardia» y «pionero». Se trata de un futuro incubado en recintos cavernosos y con muros de cristal —desde los laboratorios de investigación hasta las oficinas corporativas, pasando por las cúpulas gigantes que han sido diseñadas para simular ecosistemas naturales—, con interiores estrechamente vigilados y estrictamente controlados, pero que se presentan como espacios de libre acceso, haciendo pasar su secretismo como transparencia. El acrónimo es como una clave que abre la puerta de la incubadora. Solo pueden pasar quienes tienen el código. Y, para obtener el código, tienes que ser inteligente. Este concepto, ser inteligente, que en los últimos años se ha vuelto enormemente popular, connota una inteligencia a la vez rápida a la hora de resolver problemas y taimada, capaz de otorgar a quien la posee una ventaja competitiva sobre sus rivales de intelecto menos ágil. Es el rasgo distintivo del emprendedor de éxito, y a menudo aparece situada a la cabeza de la lista de los atributos que una educación basada en las materias de STEM debería inculcar a sus estudiantes. El propósito de una educación de este tipo, según quienes la promueven, es preparar a la generación venidera para un orden mundial tecnocrático en el que, para sobrevivir, habrá que ser inteligente.

¿Hay lugar para las artes en este nuevo orden, tan claramente sesgado en favor de la ciencia y la tecnología? En 2010, la Rhode Island School of Design (RISD) —uno de los campus de artes y diseño más antiguos de los Estados Unidos y, actualmente, uno de los más prestigiosos del mundo— tuvo la idea de añadir una A de «artes» a STEM, convirtiéndolo así en STEAM. Con esta iniciativa, según su propio material publicitario, RISD aspira a preparar a las generaciones futuras para competir en la actual economía de la innovación[4]. La idea, que desde entonces se ha popularizado, pasa por involucrar en el currículum las disciplinas del arte y el diseño como formas de trabajar el pensamiento creativo, que el proyecto STEM necesita para satisfacer su insaciable sed de innovación. En el mercado del conocimiento, la novedad es condición para contar con una ventaja competitiva, y los artistas y diseñadores, bajo el título de «creativos», tienen el cometido de dar con las nuevas ideas que la competitividad demanda no solo para diseñar nuevos productos de conocimiento, sino también para anunciarlos. Todo esto, sin embargo, tiene como resultado sobrecargar aun más el futurismo ya hiperbólico de STEM, al incluir las artes en una competición para la cual hay que entrenar a los estudiantes, como a atletas olímpicos, de modo que puedan competir por el premio del éxito.

La Ciencia y las artes

Incluso a los defensores del humanismo progresista, para quienes la historia del arte es el relato del avance de la civilización, enlazar de esta forma el virtuosismo artístico y el deporte de élite podría parecerles ir un paso demasiado lejos. Para ellos, las artes no deben entenderse tanto como un accesorio a la ciencia y la tecnología, sino en relación de complementariedad con las mismas, ya que proporcionan un espacio para la expresión subjetiva junto a la mejora general en las condiciones de vida que han traído consigo la ciencia y sus aplicaciones prácticas[5]. Incluso los vencedores dentro del despiadado mundo de la competición corporativa reconocerían que su ascenso carecería de sentido si las vistas desde la cima no mostrasen algo de un valor intrínseco. ¿Acaso no es una función de las artes ampliar nuestros horizontes, y aun abrir nuestros corazones y mentes a verdades más esenciales? ¿Podrían llegar incluso a devolvernos la fe en el proyecto de la Ilustración? A este respecto se han defendido posturas muy diversas. Las más triviales reducen las artes a un mero entretenimiento, pensado para llenar las horas libres del ocio de los adinerados. Para algunos, sin embargo, el arte responde a un deseo por lo sublime, el misterio y el asombro en un mundo por lo demás tan sometido a análisis que ha perdido su poder para cautivarnos. Para otros, es una marca de creatividad cultural, un reconocimiento de la diversidad o un emblema de la civilización.

La lógica de esta postura de complementariedad, si bien otorga a las artes un mérito intrínseco equivalente al de la Ciencia, no cuestiona en modo alguno las propias premisas de STEM. Por el contrario, no hace sino reproducir la persistente oposición dualista entre la experiencia afectiva y encarnada y las operaciones cognitivas de un intelecto acorpóreo, o entre el juicio estético y la labor de la razón, cada uno de los cuales posee su propia forma característica de creatividad. Muchos protectores de las artes consideran que la función del trabajo artístico radica en la necesidad de restituir un equilibrio, buscando con ello mitigar la especulación propia de la economía de la innovación a través de un rostro humano y una conciencia moral. De hecho, un organismo tan distinguido como la Academia Británica —la academia nacional de las artes, las humanidades y las ciencias sociales de Reino Unido— ha lanzado recientemente una propuesta en esta línea. La Academia, tratando de emular el éxito de STEM a la hora de conseguir apoyos de benefactores particulares y del público general, ha propuesto su propio acrónimo: SHAPE, abreviatura de «ciencias sociales, humanidades y artes para las personas y la economía» (*social sciences, humanities and the arts for people and the economy*). Los defensores de este acrónimo señalan las nuevas perspectivas que las disciplinas de SHAPE pueden aportar, que podrían «ayudarnos a comprender el mundo de lo humano» y «hacer que la innovación se conduzca más esforzadamente en pos del beneficio de todos»[6].

Esto no hace sino promover la economía de la innovación. En lugar de cuestionar la legitimidad de la Ciencia, sugiere un modo en que las artes, junto con las humanidades y las ciencias sociales, puedan incorporarse al juego siguiendo de cerca el modelo de STEM, con la esperanza de redirigir para sí una parte de los recursos que este acumula y beneficiarse de su proximidad al poder. El mundo hacia el que se orienta el compromiso de SHAPE sigue siendo un mundo humano, y sus intervenciones buscan todavía, y en exclusiva, el beneficio de la humanidad. SHAPE se asemeja a STEM en el sentido de que, a diferencia de las disciplinas que lo integran, carece de pasado y de futuro. Es una creación de la Generación Ahora. En mi opinión, sin embargo, las artes pueden desempeñar un papel mucho más radical que el de un mero complemento a la Ciencia. Para ello, es necesario recuperar la noción de correspondencia, de caminar junto a las cosas y aprender de ellas, que la lógica del acrónimo rechaza. Dicha lógica, como hemos visto, nos mantiene separados de las cuestiones de las que hablamos, favoreciendo así una actitud que es a la vez desapegada y manipuladora, y que queda sintetizada en la palabra «inteligente». Las prácticas artísticas, sin embargo, tienen la capacidad de promover justamente la actitud contraria: de atención perseverante, receptividad y cuidado.

¿Podría corresponderles, pues, a las artes el papel de revertir la postura académica, de hacernos retornar de las formas de conocer el mundo a formas de existir en él, y de rescatar así a la ciencia, la tecnología, la ingeniería y las matemáticas de la estultificación que les ha inducido STEM? Esto no significa enfrentar a las ciencias y las artes ni entender unas como complemento de otras, sino proporcionarles a ambas un arraigo en la colaboración intergeneracional. Al fin y al cabo, para gigantes como Vitruvio, Alberti, Leonardo y Constable —personajes pioneros, respectivamente, de la arquitectura, la perspectiva, la anatomía y la meteorología—, la ciencia y el arte no constituyeron en ningún momento ámbitos separados o, siquiera, empresas separables, sino que se trataba de tradiciones de investigación con un largo recorrido, unificadas en su compromiso hacia la observación cuidadosa, la experimentación paciente, la descripción precisa y la especulación informada. De hecho, así es como la verdadera ciencia, los verdaderos científicos, han trabajado siempre y como trabajan todavía, tanteando el camino desde su intuición, impulsados por un asombro, curiosidad y sabiduría genuinos. Esta actitud, sin embargo, requiere de una imaginación de un tipo completamente diferente al que tan apreciado resulta desde la perspectiva de STEM, o incluso de STEAM.

Se trata de una imaginación que, en vez de enfocarse en encontrar soluciones inteligentes, se abre al incesante llegar a ser del mundo, tomando su poder creativo de esta misma fuente. Esto es ciencia entendida no como innovación, sino como anhelo.

La Generación Ahora, sin embargo, tiene otra forma de verlo. Insiste en considerar el futuro como un problema que resolver. Para lograrlo, su estrategia pasa invariablemente por recurrir a la ciencia, la tecnología, la ingeniería y las matemáticas en busca de herramientas. A veces acude también a artistas y diseñadores para conjurar una visión que refleje tanto el mundo que nos aguarda como a las criaturas que lo habitan. Se trata de una visión que pretende catapultarnos a un régimen de inteligencia artificial, realidad virtual y trabajo completamente automatizado, en el que mente y razón se ven por fin liberadas de sus ataduras corpóreas y sensibles, con lo que estas quedan reducidas a meras vainas vacías. La vida humana en sí estaría condenada a la extinción, al caer en el vacío que se abre entre las mentes deslocalizadas y los cuerpos dóciles. Esta postura, en lugar de sanar la ruptura, instituida en la Ilustración, entre la mente y el mundo, o entre la razón y la naturaleza, pretende llevarnos al extremo opuesto. Según los defensores del posthumanismo, formados en el sistema de STEM, esta es una tendencia imparable. Nada puede evitar, según estos afirman, que la humanidad acabe ingeniando el fin de su propia existencia, creando máquinas que superarán las mismas capacidades intelectuales en virtud de las cuales, en un momento dado, los propios seres humanos se definían a sí mismos. Nos guste o no, más nos valdría ir haciéndonos a la idea.

Digitalización y la destreza de los dedos

Esta profecía es una falacia. La fantasía de resolver el futuro pertenece a la misma clase de ficción que el sueño transhumanista de resolver el problema de la muerte. Se trata, además, de una falacia peligrosa, dado que los esfuerzos por alcanzar ese objetivo no harán sino dejar tras de sí una pila de ruinas todavía mayor, que hará que a quienes vengan después de nosotros les resulte aun más difícil, en lugar de más fácil, hallar sus caminos en el mundo. Los privaría de senderos que seguir. Por supuesto, la profecía en sí misma no es nada nuevo, ya que, como hemos visto, esta clase de planificación proyectada hacia el futuro es una consecuencia inevitable de la noción del progreso[7]. Lo que posiblemente sí suponga una novedad es la aparición de medios tecnológicos que sitúan la realización efectiva de estos proyectos al alcance de nuestras manos. Lo que estos medios prometen es hacer realidad un mundo que vaya más allá de la vida y sus dificultades, un mundo más allá de lo vital. Este será un mundo digital. La revolución digital, que pone a nuestra disposición un poder de computación inmenso y una capacidad de comunicación instantánea que sobrepasan las más descabelladas fantasías de nuestros ancestros, parece estar lista —según quienes creen en ella— para liberar a la inteligencia, de una vez por todas, de su sede en cuerpos humanos que envejecen y se averían y que requieren de una renovación periódica. El reemplazo generacional será cosa del pasado.

Lo que esta fantasía pasa por alto son las demandas que la tecnología impone a la tierra y sus habitantes solo para poder funcionar. Pasa por alto el trabajo de cuerpos esclavizados, en grandísimos números y a menudo en condiciones deplorables, para extraer metales pesados que resultan imprescindibles para las operaciones digitales. Pasa por alto los requerimientos energéticos —y la contaminación resultante— de los superordenadores que mantienen el sistema en funcionamiento. Pasa por alto la cantidad de energía que se necesita para lanzar al espacio los miles de satélites de comunicaciones que actualmente orbitan alrededor del planeta. Por último, pasa por alto la acumulación de tóxicos, procedentes de dispositivos ya inutilizados, en la tierra y, cada vez más, en el espacio. Puede que envenenar la tierra no sea motivo de preocupación para la élite adinerada y con poder tecnológico que sueña con escapar de ella, pero, para todo el resto del mundo, el resultado es una verdadera pesadilla. Cuánto tiempo durará la era digital es algo sobre lo que no podemos más que especular, aunque yo personalmente me inclino por aplicar la regla de los 150 años. La época de apogeo del carbón duró desde la década de 1810 hasta la de 1960; la era del gas y el petróleo empezó en la década de 1910 y durará, quizás, hasta la de 2060. Siguiendo este patrón, la era digital, que empezó en los años ochenta, se prolongará hasta la década de 2130. No hay forma de saber qué vendrá después, pero sí hay algo que podemos afirmar con certeza: la digitalización no durará para siempre.

Así pues, ¿cómo podemos imaginar el mundo post-digital? Aunque la digitalización pueda tener los días contados, podemos afirmar con un grado razonable de seguridad que quienes vengan detrás de nosotros, dentro de un siglo o dos, seguirán estando dotados de ojos y orejas, voz y un juego completo de diez dedos. La facilidad de los dedos para doblarse y curvarse con extraordinaria precisión fue lo que, antiguamente, permitió a los seres humanos dejar huella en un modo nunca antes visto con ningún otro tipo de criatura. Concretamente, posibilitó, para quienes tuvieran ocasión de aprenderla, la escritura a mano. En cada línea de escritura, las palabras se vierten por la superficie de la página a medida que la mano —unas veces dubitativa, mientras espera la llegada del pensamiento; otras, corriendo para seguirle el paso— va dejando tras de sí un sendero serpenteante. Por su parte, el lector tiene que seguir la línea, con sus curvas y giros llenos de afectos, con unos ojos que permanecen en todo momento cerca de esa superficie. Tal vez incluso vaya siguiendo la línea con el dedo, mientras pronuncia en alto los sonidos correspondientes, como si fuese la misma página la que hablase[8]. ¿Podría esta imagen ofrecer un modelo para la lectura y la escritura de las generaciones futuras?

Irónicamente, la destreza en los dedos que se requiere en el acto de escribir a mano ha sido una de las primeras víctimas de la tecnología digital. Al verse sustituidos el bolígrafo y el papel por el teclado y la pantalla, escribir, en el sentido originario de marcar una superficie mediante una línea, ha pasado a ser algo prácticamente imposible. En un teclado no se puede hacer otra cosa que teclear. Con cada golpeteo, aparece en la pantalla un elemento gráfico individual, con una forma estandarizada. Al escribir debes agrupar estos elementos para formar palabras y oraciones, en las cuales están codificados los significados que quieres transmitir. Este proceso hace que el ojo del lector, que ya no tiene una línea que seguir ni una superficie a la que agarrarse, se vea obligado a atravesar la pantalla, como si del cristal de una ventana se tratase, para obtener los significados que aguardan escondidos al otro lado. Pero, una vez que la digitalización ha depurado la escritura de las distracciones superficiales de la caligrafía, ¿por qué detenerse ahí? No es difícil imaginar que, después de la escritura, sea el habla la siguiente víctima de la digitalización. Llegará un punto en el que los poderes afectivos de la voz queden eliminados del habla, del mismo modo que, en la escritura, el teclado y la pantalla han eliminado los de la mano. En su lugar, se utilizarán sintetizadores digitales, operados desde el cerebro mediante neurotransmisores, que emitirán mensajes compuestos a partir de un repertorio estandarizado de sonidos de habla.

Privados del poder de la expresión manual y vocal, ¿estaremos condenados a seguir el mismo camino que nuestra tecnología, hacia una destrucción mutuamente garantizada? Un pequeño artilugio podría salvarnos, tal vez, incluso, salvar al planeta. Se trata de un tubo que puede sostenerse con una mano, alojado dentro de una carcasa y lleno de un extracto líquido de color negro. El tubo está cerrado en un extremo, mientras que el otro va enganchado a una punta de queratina —el material del que están hechas las plumas y las uñas de los dedos— abierta por la mitad. Cuando esta punta entra en contacto con una superficie, la acción capilar extrae el líquido a través de la abertura, de manera que va dejando un rastro a su paso. Con este instrumento es posible escribir en casi cualquier superficie. Posee una versatilidad que ninguna interfaz digital contemporánea puede igualar. El coste de fabricación es prácticamente nulo, ya que solo se requieren ingredientes naturales que pueden obtenerse en casi cualquier parte. Es fácil de usar, no necesita

de una fuente de energía externa y no deja rastro de contaminación. Este invento tan simple podría asegurar el futuro de la escritura durante milenios, como de hecho así lo
hacía hasta que las fuerzas de la digitalización lo llevaron al
borde de la desaparición. A medida que re-aprendemos a
escribir con este artilugio, ¿podríamos recuperar también
nuestra voz?

A modo de cierre

En este capítulo he transitado desde el uso de acrónimos
hasta la digitalización. Aunque se trate de cuestiones diferentes, la lógica que subyace es la misma en ambos casos. Una
lógica que comprime el movimiento lineal —ya se trate del estudio, la escritura, el habla o, simplemente, la vida— para
convertirlo en una serie de puntos dispersos, aplanados sobre la superficie de un presente que, negándose a reconocer
pasado o futuro, se ve consecuentemente desprovisto de
todo afecto. La semejanza que esta lógica guarda con la del
modelo genealógico, expuesta en el Capítulo 1, resulta re-
marcable, aunque no sorprendente, dado que este modelo
está igualmente arraigado en la perspectiva de la Generación
Ahora. Al igual que hemos encontrado, en los linajes de engendramiento, una alternativa al modelo genealógico, en lo
que se refiere a los acrónimos y la digitalización, los reme-
dios que proponemos consisten en ofrecer caminos para que
la vida siga avanzando, con el potencial de sanar la ruptura
entre razón y naturaleza, entre mente y mundo. Frente los
acrónimos, el remedio es fomentar las artes, no como accesorio o complemento de la Ciencia, sino en tanto que un me-

dio para reinstaurar el compromiso de la ciencia para con la colaboración intergeneracional en el trabajo disciplinado de observación, experimentación y descripción, esto es, para con la investigación, en el sentido estricto de la palabra inglesa *research* como «volver a buscar», volviendo a trazar los caminos de nuestros ancestros en un movimiento original de renovación[9].

En el caso de la digitalización, el remedio que sugerimos consiste en recuperar los antiguos modos de escritura y de habla. Históricamente, claro está, la capacidad humana de hablar vino mucho antes que la práctica de la escritura en cualquier sistema reconocible. Sin embargo, para las generaciones futuras, el proceso podría ser a la inversa. La liberación de la mano y sus dedos de la tiranía del teclado y la pantalla táctil podría extenderse a la voz, liberando sus cualidades poéticas y prosódicas —en una palabra, su respons(h)abilidad—, marcadas ya para la extinción por la era de la digitalización rampante. Recuperaríamos la nana y el lamento, que en su día acompañaban el paso de una vida de la cuna a la tumba, así como las prácticas del nombrar que daban ser a lo nombrado través del habla —y los recuperaríamos no en tanto que documentos del patrimonio, conservados en el archivo digital, sino como tradiciones vivas—. La escritura que surge del diestro trabajo de los dedos de una mano pensante le abriría nuevamente la puerta a una forma de hablar que brota con el aliento, en sonidos esculpidos por la lengua y los labios. Y cuando recuperemos el bolígrafo como herramienta de escritura, tal vez recordemos también al labrador de antaño, para quien las páginas son sus campos, removiendo la tierra conforme transcurre la sucesión de los ciclos agrarios[10].

Puesto que no deseo que esto parezca un intento desesperado, bañado en el jugo de la nostalgia, por dar marcha atrás al reloj, quiero subrayar que aquello de lo que hablo aquí no es una regresión, sino un reajuste. A lo que objeto es a la creencia de que no hay otra forma de seguir adelante que atravesar una barrera tras otra, de un nivel al siguiente. La tentación, para quienes piensan así, es imaginar que el cruce de la última frontera o bien es inminente o ya se está gestando, señalando con ello el cumplimiento del destino histórico de la humanidad. Los seres humanos llegarán a ser amos de la tierra por un instante, solo para descubrir que, en el proceso, han liberado fuerzas de una magnitud que escapa a su control, y que amenazan con obliterarlos. En las últimas décadas, la Ciencia ha ideado un envoltorio nuevo y atrayente para este relato. Nos dice que estamos entrando en una nueva etapa de la historia de la tierra: el Antropoceno. Este es un término que despierta controversias, en buena parte, por el hecho de incluir en la misma categoría a todos los seres humanos. Ciertamente, no todo el mundo es cómplice en una trama que, históricamente, ha generado más esclavos que amos. Con todo y con eso, no me preocupa tanto la parte del «*Antropo-*» como la del «-*ceno*».

Los geólogos representan la historia de la tierra como un despliegue sucesivo de varias épocas, de las cuales las más recientes, que juntas forman el período del Cuaternario, son el Pleistoceno, el Holoceno y, ahora, el Antropoceno. Difícilmente podemos considerar una coincidencia el hecho de que, en este relato del tiempo, el Holoceno coincida con la duración de la historia humana, acotada entre la era del «hombre primitivo» en el Pleistoceno, antes del inicio de la historia como tal, y la nueva época del Antropoceno, con la que la historia llega a su fin. Se han hecho grandes esfuerzos por encontrar un elemento —lo que se conoce como un «clavo dorado»— que pueda marcar el comienzo del Antropoceno y que pueda identificarse en estratos geográficos de todo el mundo. ¿Podría tratarse de los microplásticos, de los residuos de cemento, del hollín de las plantas generadoras de energía, de las acumulaciones de huesos de alitas de pollo, de los residuos radioactivos procedentes de las pruebas con armas nucleares? Sea como sea, un clavo no hace una época. La verdadera pregunta es: ¿qué viene después? Si el Antropoceno es realmente una época, para que siga habiendo vida al otro lado haría falta planear la existencia de otro clavo, dentro de incontables millones de años, que señale el momento en el que las criaturas que queden en la tierra, ya sean reconociblemente humanas o seres de cualquier otra clase, crucen a la fase siguiente. Pero ¿y si el Antropoceno no es en absoluto una época?

Recordemos al Ángel de la Historia. Lo que este ve no es una nueva época abriéndose ante sus ojos, sino la ruina que va dejando atrás, la cual se deposita en el plano del presente y puede observarse en las cicatrices que la marcha trastabillante del progreso inflige al paisaje. Si el Antropoceno no es una época, sino una ruina, entonces la vida que venga después llegará dándole la espalda o dejándolo atrás, tal y como ha hecho el Ángel, para recuperar los caminos de nuestros antepasados. Es a esto a lo que me refiero cuando hablo de un reajuste. En mi opinión, un futuro más allá del Antropoceno solo es posible si reaprendemos la forma de seguir avanzando en armonía con aquellos elementos en los que toda la existencia se sustenta, al igual que hicieron en su día nuestros ancestros, y como siguen haciendo las plantas y los animales. Puede que priorizar la regeneración de la vida humana y su coexistencia con otros seres planetarios por encima de la herencia y el reemplazo genealógicos signifique dejar a un lado la ciencia y la tecnología. Al fin y al cabo, el futuro no es un problema por resolver. Es la vida que anhelamos, tanto para nosotros como para las generaciones por venir. Y tratar de alcanzarlo significará retornar, una vez más, a esos temas largamente honrados por la tradición: la filiación y el engendramiento, el parentesco y la descendencia.

Figuras

Notas

1. Las generaciones y la regeneración de la vida

1. Génesis, capítulo 5.

2. En palabras del antropólogo Gisli Palsson, «[n]ombrar es un acto de habla que da forma al curso de la vida y a la persona implicada»: Gisli Palsson, «Ensembles of biosocial relations», en *Biosocial Becomings: Integrating Social and Biological Anthropology,* Tim Ingold y Gisli Palsson (eds.), Cambridge University Press, 2013, págs. 22-41, pág. 33. Véase también *The Antrhopology of Names and Naming*, Barbara Bodenhorn y Gabriele vom Bruck (eds.), Cambridge University Press, 2006.

3. Estas convenciones, junto con instrucciones detalladas para la elaboración de cuadros genealógicos, están detalladas en John Barnes, «Genealogies», en *The Craft of Social Antrhopology*, A. L. Epstein (ed.), Londres: Tavistock, 1967, págs. 101-127.

4. Por eso el modelo no debe, bajo ningún concepto, confundirse con la historia. Criticar el modelo no significa en absoluto, como piensa el antropólogo Philippe Descola, acusar a los pueblos que atribuyen una gran importancia a las relaciones generacionales de sucumbir a una «perversidad occidental». Véase Philippe Descola, *Beyond Nature and Culture,* Janet Lloyd (trad.), University of Chicago Press, 2013, pág. 333 [trad. cast.: *Más allá de naturaleza y cultura*, Buenos Aires: Amorrortu, 2013]; para una réplica, Tim Ingold, «A naturalist abroad in the museum of ontology: Philippe Descola's *Beyond Nature and Culture*», *Anthropological Forum*, 2016, 26 (3): 301-320, págs. 317-318.

5. En el único diagrama que aparece en la obra maestra de Darwin, *El origen de las especies*, la modificación y la diversificación de las especies a lo largo de sus líneas de descendencia aparecen representadas esquemáticamente como un proceso que transcurre atravesando una serie de bandas horizontales, cada una de las cuales representa un intervalo arbitrario de 1000 generaciones. Significativamente, Darwin dibujó cada linaje filogenético como una línea de puntos. El símbolo resultaba acertado, puesto que, en la línea de puntos, todo el movimiento queda colapsado dentro de los puntos que la constituyen. La línea en sí es inerte y sin vida. Véase Charles Darwin, *On the Origin of Species by Means of Natural Selection, or the Preservation of Favoured Races in the Struggle*

for Life (reimpresión de la primera edición de 1859), Londres: Watts, 1950, págs. 90-91 [trad. cast.: *El origen de las especies mediante selección natural*, Madrid: Alianza Editorial, 2023]. Sobre la línea de puntos, véase Tim Ingold, *Lines: A Brief History*, Londres: Routledge, 2007, pág. 94.

6. Jacques Monod, *Chance and Necessity*, Austryn Wainhouse (trad.), Londres: Collins, 1972, pág. 110 [trad. cast.: *El azar y la necesidad*, Barcelona: Círculo de Lectores, 2000].

7. Véase, como ejemplo, Christophe Boesch y Michael Tomasello, «Chimpanzee and human cultures», *Current Anthropology*, 1998, 39(5): 591-614; y Andrew Whiten, Nicola McGuigan, Sarah Marshall-Pescini y Lydia M. Hopper, «Emulation, imitation, overimitation and the scope of culture for child and chimpanzee», *Philosophical Transactions of the Royal Society*, Series B, 2009, 364: 2417-28.

8. Véase, como ejemplo, Robert Boyd y Peter J. Richerson, *Culture and the Evolutionary Process,* University of Chicago Press, 1985; William H. Durham, *Coevolution: Genes, Culture and Human Diversity,* Stanford University Press, 1991; Peter Richerson y Robert Boyd, *Not by Genes Alone: How Culture Transformed Human Evolution,* University of Chicago Press, 2008; Robert A. Paul, *Mixed Messages: Cultural and Genetic Inheritance in the Constitution of Human Society,* University of Chicago Press, 2015. Para una visión panorámica sobre el tema, véase Tim Lewens, *Cultural Evolution: Conceptual Challenges*, Oxford University Press, 2015.

9. La literatura acerca de estos temas es demasiado extensa para detallarla aquí. Para un resumen crítico de la cuestión, véase Tim Ingold, «Evolution without inheritance: steps to an ecology of learning», *Current Anthropology,* 2022, 63 (suplemento 25): S32-S55.

10. Una crítica devastadora es la de Susan Oyama, *The Ontogeny of Information: Developmental Systems and Evolution*, Cambridge University Press, 1985.

11. Ludwig Wittgenstein, *Philosophical Investigations,* Oxford: Blackwell, 1953, §11 [trad. cast.: *Investigaciones filosóficas*, Barcelona: Crítica, 2008].

12. Henri Bergson, *Creative Evolution,* Arthur Mitchell (trad.), Londres: Macmillan, 1922, pág. 135 [trad. cast.: *La evolución creadora*, Madrid: Espasa, 1985]. La cursiva es mía. Volveré a referirme al gesto de «inclinarse sobre», especialmente en el Capítulo 7.

13. Bergson, *Creative Evolution*, pág. 45.

2. Re-pensar el discurrir de la vida humana

1. Walter Benjamin, «Theses on the philosophy of history», en *Illuminations: Essays and Reflections*, Hannah Arendt (ed.), Harry Zohn (trad.), Nueva York: Schocken Books, 1968, págs. 253-64, págs. 257-258 [trad. cast.: *Iluminaciones*, Madrid: Taurus, 2018].

2. El concepto de la «estructura tripartita básica del curso de la vida» en las fases (1) educación y preparación para el trabajo, (2) actividad laboral y (3) jubilación fue propuesto originalmente en 1968 por el historiador social Martin Kohli. Véase Martin Kohli, «The world we forgot: a historical review of the life course», en *Later Life: The Social Psychology of Aging*, Victor W. Marshall (ed.), Newbury Park, CA: Sage Publications, 1986, págs. 271-303, pág. 280. El efecto de esta «segregación institucional por edad», según describen los sociólogos Gunhild O. Hagestad y Peter Uhlenberg, es que, en cada una de las tres fases mencionadas, la gente solo pasa el tiempo con personas que se encuentran en la misma fase. «Niños y jóvenes son derivados a guarderías y escuelas donde pasan la mayor parte del día con compañeros con los que comparten una estrecha franja de edad. Para los adultos, los días transcurren ligados a lugares de trabajo que excluyen a jóvenes y ancianos. Y en cuanto a las personas mayores, que tienen limitado acceso a los centros educativos y lugares de trabajo, se espera que vivan vidas de ocio apartadas del resto». Véase Gunhild O. Hagestad y Peter Uhlenberg, «The social separation of old and young: a root of ageism», *Journal of Social Issues*, 2005, 61(2): 343-360, pág. 346.

3. Véase Capítulo 7, pág. 139.

4. Acerca de cómo el surgimiento del Estado y los cambios en la organización del trabajo han reestructurado el curso vital, véase Karl Ulrich Mayer y Urs Schoepflin, «The state and the life course», *Annual Review of Sociology*, 1989, 15: 187-209.

5. Jeanette Lykkegård, *This Is Our Life: Living and Dying among the Chukchi of Northern Kamchatka*, tesis doctoral, School of Culture and Society, Universidad de Aarhus, 2019, pág. 160.

6. Bergson, *Creative Evolution*, pág. 134.

7. Gilbert Simondon, «The genesis of the individual», Mark Cohen y Sanford Kwinter (trads.), en *Incorporations*, Jonathan Crary y Sanford Kwinter (eds.), Nueva York: Zone, 1992, págs. 297-319, pág. 300.

8. Benjamin, «Theses on the philosophy of history», págs. 253-254.

9. Para un excelente análisis del transhumanismo, véase Norman Wirzba, *This Sacred Life: Humanity's Place in a Wounded World,* Cambridge University Press, 2021, págs. 34-60.

10. John Wyon Burrow, *Evolution and society: A Study in Victorian Social Theory*, Cambridge University Press, 1966, pág. 227.

3. Recordando el camino

1. Estas ideas y las que vienen a continuación se han visto en gran medida inspiradas por el reciente libro *Pathways: Exploring the Routes of a Movement Heritage*, editado por Daniel Svensson, Katarina Saltzman y Sverker Sörlin, Winwick, Cambridgeshire: White Horse Press, 2022.

2. He hablado más extensamente de la formación del palimpsesto en un ensayo titulado «Palimpsest: ground and page», en mi colección *Imagining for Real: Essays on Creation, Attention and Correspondence*, Londres, Routledge, 2022, págs. 180-198.

3. Robert Pogue Harrison, *The Dominion of the Dead*, University of Chicago Press, 2003, págs. x-xi. Jason Taylor y Robert Miner tratan la etimología de Vico de la palabra «humano» en una nota al pie en su reciente traducción de *The New Science*, New Haven, Connecticut: Yale University Press, 2020, pág. 12.

4. En un artículo reciente acerca de los retos a los que se enfrentan los habitantes de los pueblos costeros en la isla de Fiji, amenazada por la subida del nivel del mar, para trasladar sus asentamientos a zonas más elevadas del interior, Kate Lyons señala que, para muchos de ellos, los lugares de enterramiento constituyen el mayor obstáculo a la hora de desplazarse. ¿Deberían dejar atrás a los muertos y dejar que el mar los arrastre o deberían exhumar sus huesos y enterrarlos en otro lugar? Cualquiera de las dos alternativas, señala Lyons, «es profundamente traumática». El problema no está en la pérdida del pasado, sino en que, sin ancestros que alumbren su camino, no hay esperanza para el futuro. Kate Lyons, «How to move a country: Fiji's radical plan to escape rising sea-levels», *The Guardian Long Read*, 8 de noviembre de 2022: www.theguardian.com/environment/2022/nov/08/how-to-move-a-country-fiji-radical-plan-escape-rising-seas-climate-crisis.

5. Erin Manning, «What things do when they shape each other: the way of anarchive»: http://s3.amazonaws.com/arena-attachments/990937/bdabcf14b-7f9b5ab91be88ac871d44aa.pdf?1493056093, pág. 8

6. Estoy profundamente agradecido a Hong Wan Chan por permitirme citar su trabajo, aún en proceso de elaboración, que incluye sus artículos «Recovering obscured experiences of landscape in Nanhai, China», presentado en el simposio Under the Landscape, en Santorini y Terasia, Grecia, del 26 al 29 de junio de 2022, organizado por Boulouki, Taller Itinerante sobre Técnicas de Construcción Tradicionales; y «Tracing the lineage in a modernizing landscape: five diptychs of a village in the Pearl River Delta, China», en *Remediated Maps: Transmedial Approaches to Cartographic Imagination*, Tommaso Morawski y Tanja Michalsky (eds.), Roma: Campisano Editore (Quaderni della Bibliotheca Hertziana), 2023. La historia familiar de Chan constituye un poderoso testimonio de las consecuencias de alisar un paisaje en su día rebosante de linajes florecientes. Sin embargo, sus poderes anarchivísticos no se han visto completamente anulados. Aun a día de hoy, en aparente desafío al orden del cementerio, con sus zonas, sus pasillos y sus parcelas numeradas, la gente todavía sigue acudiendo a las tumbas de sus ancestros en celebración, lanzando fuegos artificiales y creando humo con las ofrendas de papel quemado.

7. Tuck Po Lye, «Knowledge, Forest, and Hunther-Gatherer Movement: The Batek of Pahang, Malaysia», tesis doctoral, Universidad de Hawái, 1997, pág. 372.

8. Bergson, *Creative Evolution*, pág. 17.
9. Lye, «Knowledge, Forest, and Hunter-Gatherer Movement», pág. 149.

4. Incertidumbre y posibilidad

1. La juvenilización, tal y como sostiene Harrison, es todo lo contrario del rejuvenecimiento. Mientras que el rejuvenecimiento «le da al pasado un futuro hacia el que crecer», la juvenilización «milita en contra de la historicidad y priva al presente de toda profundidad temporal y fenomenológica [...] Le da a la juventud una vejez prematura y a la vejez, una juvenilidad inmadura». Robert Pogue Harrison, *Juvenescence: A Cultural History of Our Age,* University of Chicago Press, 2014, pág. 116.
2. Esto también permite explicar la percepción de que la duración de las generaciones es cada vez menor y de que su sucesión se acelera, hasta el punto de que cada una de ellas apenas llega a hacer notar su presencia antes de que la siguiente aparezca pisándole los talones. Si cada generación dura la mitad que la generación anterior, su sucesión tenderá hacia la desaparición absoluta. Doy las gracias por esta observación a uno de los revisores del manuscrito original.
3. Aquí, así como en las secciones siguientes de este capítulo, me remito a mi artículo ya publicado «Uncertainty and possibility / Incertitude et possibilité», *In Analysis*, 2022, 6(1): 10-18.
4. Clifford Geertz, *The Interpretation of Cultures*, Nueva York: Basic Books, 1973, pág. 45 [trad. cast.: *Interpretación de las culturas*, Barcelona: Gedisa, 1988].
5. Según Myers, se trata de una expresión compartida por muchos de los pueblos aborígenes del Desierto del Oeste: Fred R. Myers, *Pintupi Country, Pintupi Self: Sentiment, Place and Politics among Westen Desert Aborigines,* Washington, DC: Smithsonian University Press, 1986, pág. 53.
6. Myers, *Pintupi Country, Pintupi Self*, pág. 53.
7. Merece la pena contrastar esta veneración de los aborígenes por sus ancestros en tanto que creadores del mundo, que han dispuesto caminos para que sus sucesores puedan caminar siguiéndolos, con las recomendaciones que aparecen en un manual de reciente publicación y bastante popular, dirigido a lectores occidentales, sobre cómo ser un buen ancestro. Según su autor, Roman Krznaric, los humanos tienen, por naturaleza, «cerebros bellota», que los convierten en la única especie capaz de imaginar alternativas que se proyectan hacia el futuro lejano. Para ser buenos ancestros, deberíamos hacer uso de la capacidad de estos cerebros de pensar a largo plazo. «Somos *Homo prospectus*», dice; «el simio que mira hacia delante». Evidentemente, el autor, en tanto que miembro de pleno derecho de la Generación Ahora, ha mirado en el espejo de la naturaleza y ha visto en la figura de este simio su propio reflejo. Roman Krznaric, *El buen antepasado: cómo pensar a largo plazo en un mundo a corto plazo*, Madrid: Capitán Swing, 2022.

8. Me refiero, en particular, al ensayo de Dewey de 1934, «Art as experience», en *John Dewey: The Later Works, 1925-1953,* vol. X: 1934, Jo Ann Boydston (ed.), Carbondale: Southern Illinois University Press, 1987, págs. 42-110 [trad. cast.: *El arte como experiencia,* Barcelona: Paidós, 2008].

9. Dewey, «Art as experience», pág. 50.

10. Esto pertenece a una conferencia posterior, de 1938, publicada con el título *Experience and Education,* Nueva York: Free Press, 2015, pág. 35.

11. James J. Gibson, *The Ecological Approach to Visual Perception,* Hillsdale, NJ: Lawrence Erlbaum, 1986. Las citas que aparecen en este párrafo pertenecen a las págs. 245 y 254.

12. Jan Masschelein, «E-ducating the gaze: the idea of a poor pedagogy», *Ethics and Education,* 2010, 5: 43-53, pág. 46.

13. Volveré a referirme a esta concepción de la educación en el Capítulo 7, pág. 131.

14. Tim Ingold, *The Life of Lines,* Londres: Routledge, 2015, págs. 138-142.

15. Erin Manning, *The Minor Gesture,* Durham, Carolina del Norte: Duke University Press, 2016, págs. 6, 117-118.

16. Dewey, «Art as experience», pág. 59.

17. Karl Popper, *La sociedad abierta y sus enemigos,* Barcelona: Paidós, 2006.

18. Tim Ingold, «On human correspondence», *Journal of the Royal Anthropological Institute,* 2017, 23: 9-27.

19. De los *Uncollected Poems* de Rilke, en un extracto de *A Year with Rilke: Daily Readings from the Best of Rainer Maria Rilke,* Joanna Macy y Anita Barrows (ed. y trad.), Nueva York: Harper Collins, 2009, pág. 7.

5. Pérdida y extinción

1. Alastair Reid, «Growing, flying, happening», en su libro *Barefoot: The Collected Poems,* TomPow (ed.), Cambridge: Galileo, 2018, págs. 87-88, pág. 88. He puesto la palabra «asombro» en cursiva para enfatizar el contraste con «sorpresa», del que hablo en el Capítulo 4.

2. Lucrecio, *La naturaleza de las cosas,* Madrid: Alianza Editorial, 2016.

3. Véase mi poema «On Extinction» en Tim Ingold, *Correspondences,* Cambridge: Polity, 2020, págs. 148-151.

4. George Gaylord Simpson, «The Species concept», *Evolution,* 1951, 5 (4): 285-298, pág. 289.

5. Karl Marx, *Economic and Political Manuscripts of 1844,* Martin Milligan (trad.), revisado por Dirk J. Struik, transcrito por Andy Blunden, 2000: www.marxists.org/archive/marx/works/download/pdf/Economic-Philosophic-Manuscripts-1844.pdf, pág. 31. La cursiva es mía.

6. Thom van Dooren, *Flight Ways: Life and Loss ant the Edge of Extinction,* Nueva York: Columbia University Press, 2014; «Spectral crows in Hawai'i: conser-

vation and the work of inheritance», en *Extinction Studies: Stories of Time, Death and Generations*, Deborah Bird Rose, Thom van Dooren y Matthew Chrulew (eds.), Nueva York: Columbia University Press, 2017, págs. 187-215, pág. 193.

7. Van Dooren, «Spectral crows in Hawai'i», pág. 188.

8. Cito a continuación el pasaje completo en cuestión: «La evolución por medio de la selección natural —ese gran motor que impulsa nuevas formas de vida— se basa en formas de herencia que mantienen los logros del pasado al tiempo que no dejan de transformarlos para generar nuevas variaciones. Esta variabilidad se manifiesta a través de la recombinación, la mutación y otras formas de transformación»; Van Dooren, «Spectral crows in Hawai'i», pág. 202.

9. Eric Wolf, «Perilous ideas: race, culture, people», *Current Anthropology*, 1994, 35(1): 1-12, pág. 1.

10. *Oxford English Dictionary*, «race», n. 6.

11. *Oxford English Dictionary*, «race», n. 6., I. 1. a. 1676.

12. Charles Darwin, *The Descent of Man; and Selection in Relation to Sex* (nueva edición), Nueva York: D. Appleton and Company, 1889, págs. 128 y 132 [trad. cast.: *El origen del hombre y la selección en relación al sexo*, Madrid: Los Libros de la Catarata, 2019].

13. Darwin, *The Descent of Man*, pág. 182.

14. Darwin, *The Descent of Man*, pág. 156.

15. Arthur Keith, *The Place of Prejudice in Modern Civilizaiton*, Londres: Williams & Norgate, 1931, pág. 49.

16. Para una revisión exhaustiva del debate paleoantropológico acerca del hombre de neandertal, véase Paul Graves, «New models and metaphors for the Neanderthal debate», *Current Anthropology*, 1991, 32: 513-541. «La mayor parte de los participantes en el debate», señala Graves (pág. 525), «no pueden resistirse a la metáfora simplista del colonialismo europeo y las analogías que de ella se extraen. Ciertamente, la idea de un desplazamiento sin conjunción y la evolución de 'una especie completamente nueva' lleva la impronta de las tendencias progresistas que debemos a ideologías decimonónicas».

17. En un censo de 2011, más de 19 000 tasmanos se identificaban como aborígenes: www.britannica.com/topic/Tasmanian.

18. Marx, *Economic and Political Manuscripts*, pág. 31.

19. Me refiero al naturalista Sir David Attenborough, cuyos programas sobre el mundo natural han atraído a una audiencia mundial de millones de espectadores.

20. Para un excelente análisis acerca de estos dilemas de la conservación, véase Andrew Whitehouse, «Anthropological approaches to conservation conflicts», en *Conflicts in Conservation: Navigating towards Solutinos*, Stephen M. Redpath, R. J. Gutiérrez, Kevin A. Wood y Juliette C. Young (eds.), Cambridge University Press, págs. 94-104.

6. Re-centrar al *Anthropos*

1. The Human Revolution: *Behavioural and Biological Perspectives on the Origins of Modern Humans*, Paul Mellars y Chris Stringer (eds.), Edinburgh University Press, 1989.

2. Como ejemplo, *Social Life of Early Man*, Sherwood L. Washburn (ed.), Londres: Methuen, 1962.

3. L. P. Hartley, *El mensajero*, Madrid: Alianza Editorial, 2025.

4. Tim Ingold, *The Life of Lines*, Londres: Routledge, págs. 115-119.

5. Aquí sigo la traducción de Anthony Bonner: «*man is a manifying animal*» («el hombre es un animal que se hombrifica»), en *Selected Works of Ramon Llull (1232-1316)*, Vol. I, Anthony Bonner (ed. y trad.), Princeton University Press, 1985, pág. 609.

6. Alfred North Whitehead, *Religion in the Making: Lowell Lectures 1926*, Cambridge University Press, 1926, pág. 102.

7. Esto ha demostrado ser particularmente el caso en la región de la Amazonia. Los estudios han demostrado que lo que en su día se pensaba que era una extensión salvaje escasamente populada y mayormente intacta, en tiempos precolombinos era, por el contrario, un gran centro de cultivo de cereales, que daba sustento a muchos millones de personas y a al menos ochenta y tres especies autóctonas domesticadas. Véase Charles R. Clement, William M. Denevan, Michael J. Heckenberger, André Braga Junqueira, Eduardo G. Neves, Wenceslay G. Teixeira y William I. Woods, «The domestication of Amazonia before European conquest», *Proceedings of the Royal Society*, Series B, 2015, 282: 20150813: http//dx.doi.org/10.1098/rspb.2015.0813.

8. Tim Ingold y Elizabeth Hallam, «Creativity and cultural improvisation: an introduction», en *Creativity and Cultural Improvisation*, Elizabeth Hallam y Tim Ingold (eds.), Oxford: Berg, 2007, págs. 1-24, pág. 10.

9. Harrison, *Juvenescience*, págs. 97 y 113. Hay muchos rasgos en común entre la postura de Harrison y el argumento que yo expongo en estas páginas. Comparto su opinión de que la civilización occidental está afligida, por su propia constitución, de una pérdida de memoria periódica, debido a un rechazo de lo que considera pasado y, en consecuencia, la cesión de sus logros a la ruina (pág. 49), si bien para Harrison no se trata de una enfermedad de la modernidad, sino que puede rastrearse hasta la Antigua Grecia. No obstante, sobre todo estoy de acuerdo con Harrison a la hora de subrayar que el engendramiento —o lo que él llama «dar a luz a lo nuevo a partir del útero de lo que antecede»— conlleva una recuperación de antiguas costumbres «que tiene poco que ver con revivir y todo que ver con revitalizar» (pág. 113).

10. Véase Capítulo 4, págs. 77-79.

11. Un conflicto en particular tiene que ver con los parques eólicos Storheia y Roan, situados en la península de Fosen, en la zona central de Noruega. En octubre de 2021, cuando los parques ya habían sido construidos y a petición de los pastores sámi del lugar, el Tribunal Supremo de Noruega decretó que

las turbinas violaban los derechos de los pastores de acuerdo con las convenciones internacionales, por lo que se exigía que se derribasen las 151 turbinas construidas, así como los kilómetros de carreteras construidos para facilitar su edificación. En el momento de escribir este libro, este asunto aún no se ha resuelto. Véase www.reuters.com/business/environment/norway-wind-turbines-should-be-torn-down-reindeer-herders-say-2021-11-12.

12. El geógrafo Hayden Lorimer, en su estudio sobre el pastoreo en las montañas Cairngorm de Escocia, ofrece una descripción particularmente lograda de cómo los renos y sus cuidadores leen conjuntamente los vientos. Véase Hayden Lorimer, «Herding memories of humans and animals», *Environment and Planning D: Society and Space*, 2006, 24: 497-518.

7. El camino de la educación

1. Immanuel Kant, «A translation of the introduction to Kant's *Physische Geographie*», en *Kant's Concept of Geography and Its Relation to Recent Geographical Thought*, por J. A. May, University of Toronto Press, 1970, págs. 255-264, pág. 257.

2. Este argumento está inspirado en la obra de Gert Biesta, *Letting Art Teach: Art Education «after» Joseph Beuys*, Arnhem: Artez Press, 2017. Más abajo vuelvo a aludir a las ideas de Biesta (pág. 133).

3. La palabra viene de un influyente texto que tiene como coautores al activista y teórico de la educación Stefano Harney y al poeta y estudioso de la literatura Fred Moten, titulado *The Undercommons: Fugitive Planning and Black Study*, Wivenhoe: Minor compositions, 2013.

4. Véase Capítulo 4, pág. 86. Acerca de la diferencia entre la comprensión y el encomunizaje, véase Tim Ingold, *Anthropology and/as Education*, Londres: Routledge, 2018, pág. 38.

5. Acerca del envejecimiento y el engendramiento, véase Capítulo 2, págs. 35-36.

6. Véase Capítulo 4, pág. 81.

7. Masschelein, «E-ducating the gaze», pág. 50.

8. Véase John Cage, *Silence: Lectures and Writings by John Cage* (edición del 50 aniversario), Middletown, Connecticut: Wesleyan University Press, 2011, pág. 10; Duke University Press, 2016, pág. 105; Gert Biesta, *Beyond Learning: Democratic Education for a Human Future*, Boulder, Colorado: Paradigm, 2006, pág. 70.

9. Alphonso Lingis, *The Community of Those Who Have Nothing in Common*, Bloomington: Indiana University Press, 1994.

10. Hannah Arendt, «The crisis in education», The Humanities Institute, University of California, Santa Cruz: https://thi.ucsc.edu/wp-content/uploads/2016/09/Arendt-Crisis_In_Education-1954.pdf, pág. 5. Véase también Capítulo 2, págs. 46-47.

11. Si bien el tema del amor por el mundo, *amor mundi*, está presente en todo el trabajo de Arendt, esta rara vez aborda este concepto directamente. No obstante, en una carta a su antiguo profesor y amigo Karl Jaspers, con fecha del 6 de agosto de 1955, Arendt escribió: «He empezado tan tarde —realmente, solo en los últimos años— a amar realmente el mundo [...] Como muestra de gratitud, quiero llamar mi libro acerca de las diversas teorías políticas *Amor Mundi*» (citado en Lucy Tatman, «Arendt and Augustine: more than one kind of love», *Sophia*, 2013, 52: 625-635, pág. 626). No obstante, parece haber abandonado la idea, puesto que el libro finalmente se publicó, en 1958, con el título *La condición humana* (*The Human Condition*, Chicago University Press).

12. Arendt, «The crisis in education», pág. 13.

13. Arendt, «The crisis in education», pág. 10.

14. Arendt, «The crisis in education», pág. 8.

15. Acerca de la distinción entre palabras de mandato y palabras de pasaje, véase Gilles Deleuze y Félix Guattari, *A Thousand Plateaus: Capitalism and Schizophrenia*, Brian Massumi (trad.), Londres: Continuum, 2004, pág. 122 [trad. cast.: *Mil mesetas: capitalismo y esquizofrenia*, Valencia: Pre-Textos, 2020].

16. Este párrafo toma buena parte de su contenido de un pasaje semejante en mi ensayo «The world in a basket», en *Imagining for Real*, págs. 277-278. Fue principalmente la escritura de dicho ensayo lo que me dio la idea para escribir este libro.

17. Harrison, *Juvenescence*, pág. 130.

18. «Las matemáticas», tal y como señaló en una ocasión el bioquímico y teórico del caos Otto Rössler, «no son más que cerámica». Igualmente podría haber dicho que la cerámica no es más que matemáticas. Citado en Elizabeth de Freitas, «Material encounters and media events: what kind of mathematics can a body do?», *Educational Studies in Mathematics*, 2016, 91: 185-202, pág. 188.

8. Tras la Ciencia y la tecnología

1. Véase pág. 22.

2. Etimológicamente, la palabra «filosofía» combina las raíces del griego antiguo *philo-*, «amar», y *sophis*, «sabio, instruido».

3. También Harrison ha observado una tendencia en la ciencia moderna, tanto por parte de los visionarios como de sus practicantes corrientes, a volver la espalda a tradiciones de investigación que se remontan a miles de años atrás y a desdeñar la sabiduría que estas encarnan como algo fundamentado en la ignorancia. Incluso las teorías de la generación inmediatamente precedente «podrían igualmente pertenecer a los anales de la Prehistoria». Si bien esta «amnesia cultivada» es un efecto colateral inevitable de la idea de progreso mediante conjetura y refutación, mi impresión es que se ha visto enormemente exacerbada desde el cambio de milenio, con el auge de STEM. Véase Harrison, *Juvenescence*, pág. 51.

4. El pasaje en cuestión en la página web de RISD dice lo siguiente: «Desde hace mucho tiempo, RISD ha valorado la simbiosis entre las artes y las ciencias, entretejiendo la exploración interdisciplinar en diversas prácticas de estudio. En 2010, el centro comenzó a defender la incorporación del arte y el diseño al programa nacional de educación e investigación en STEM (ciencia, tecnología, ingeniería, matemáticas) para desarrollar un modelo educativo más abarcador que prepare mejor a las futuras generaciones para la competición propia de la economía de la innovación en el siglo XXI», www.risd.edu/academics/public-engagement. Véase también Anne Pirrie, «Where science ends, art begins? Critical perspectives on the development of STEAM in the New Climatic Regime», en *Why Science and Art Creativities Matter: (Re-)Configuring STEAM for Future-Making Education,* Pamela Burnard y Laura Colucci-Gray (eds.), Leiden: Brill, 2020, págs. 19-34.

5. Vemos aquí un eco de la cuestión de la complementariedad entre materias académicas y no académicas de la que hablamos en el Capítulo 7, pág. 127.

6. Véase www.thebritishacademy.ac.uk/this-is-shape.

7. Véase Capítulo 2, pág. 52.

8. Así es como los monjes en la Europa medieval leían sus textos litúrgicos, escuchando las «voces de las páginas» (*voces paginarum*) que ellos mismos pronunciaban, y permitiendo que las palabras «cayeran» de la *performance*. Véase David Olson, *The World on Paper: The Conceptual and Cognitive Implications of Writing and Reading*, Cambridge University Press, 1994, págs. 184-185 [trad. cast.: *El mundo sobre el papel*, Barcelona: Gedisa, 1998]; Guglielmo Cavallo y Roger Chartier, «Introduction», en *A History of Reading in the West,* Guglielmo Cavallo y Roger Chartier (eds.), Lydia G. Cochrane (trad.), Amherst: University of Massachusetts Press, 1999, págs. 1-36, págs. 17-18 [trad. cast.: *Historia de la lectura en el mundo occidental*, Madrid: Taurus, 2011].

9. Sobre el significado de la palabra *research* («investigar»), véase Ingold, *Anthropology and/as Education*, págs. 71-74.

10. Acerca de los paralelismos entre el bolígrafo y el arado, y entre la página y el campo, véase Capítulo 3, pág. 63.

Índice analítico